우리는 왜 죽어야 하나요?

Great Answers to Difficult Questions about Death
What Children Need to Know

By Linda Goldman

Translation rights © 2013 KMC Press, Seoul, Korea
This translation of Great Answers to Difficult Questions about Death is
published by arrangement with Jessica Kingsley Publishers Ltd.

Great Answers to Difficult Questions about Death

What Children Need to Know

Linda Goldman

우리는 왜 죽어야 하나요?

초판 1쇄 2013년 2월 20일

린다 골드만 지음
윤득형 옮김

발 행 인 ㅣ 김기택
편 집 인 ㅣ 손인선

펴 낸 곳 ㅣ 도서출판 kmc
등록번호 ㅣ 제2-1607호
등록일자 ㅣ 1993년 9월 4일

(110-730) 서울특별시 종로구 세종대로 149 감리회관 16층

대표전화 ㅣ 02-399-2008   팩스 ㅣ 02-399-4365
홈페이지 ㅣ http://www.kmcmall.co.kr
디 자 인 ㅣ 디자인통 02-2278-7764

값 10,000원

ISBN 978-89-8430-593-9 03370

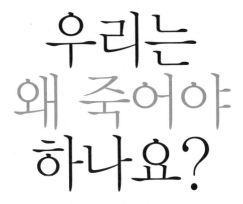

우리는 왜 죽어야 하나요?

어린이들이 꼭 알아야 할 **죽음** 이야기

린다 골드만 지음 | 윤득형 옮김

kmc

이 책의 역자는 현재 미국 클레어몬트 대학에서 박사 과정에 전념하고 있는 미래의 지도자입니다. 특히 인간의 삶과 죽음의 문제에 관심을 가지고 다방면으로 연구하고 있습니다. 그는 유학 전부터 해 온 호스피스 실습을 방학 중에도 꾸준히 하고, 미국에서 죽음 문제를 전문으로 연구하는 ADEC(Association for Death Education and Counseling)의 정기모임에 참석하며 죽음 연구를 계속 하고 있습니다. 뿐만 아니라 이 같이 좋은 책을 우리말로 번역하여 많은 독자들에게 공헌하고 있습니다.

이 책은 상실을 경험하고 슬픔과 외로움, 혼란을 겪는 어린이들이 죽음을 올바르게 이해하고, 삶과 죽음을 긍정적으로 받아들여 그들의 앞날이 기쁨과 희망으로 가득한 인생이 되도록 돕는 책입니다. 어려운 이론을 피하고 실제로 상담한 다양한 사례를 엮어서 쉽게 배울 수 있는 아주 유익한 인생수업 교과서입니다.

죽음으로 사랑하는 엄마나 아빠를 잃고 삶의 뿌리가 송두리째 사라져 버린 어린 영혼들이 삶과 죽음의 의미를 물어 올 때, 우리 어른들은 어떻게 그들에게 삶의 의미와 죽음의 깊은 뜻을 이야기해 줄 수 있을까요? 이런 문제를 한 번이라도 생각해 보았거나 경험한 분에게 권합니다.

　호스피스 운동의 선구자 엘리자베스 퀴블러 로스 박사는 왜 다 자라지도 않은 어린이가 죽어야 하는지, 죽음이 무엇이냐고 묻는 9세 암환자 소년의 편지를 받고 곧장 회답을 써서 보내 주었다고 합니다. 그는 사람은 태어나서 인생학교에 입학하는 것이라고 하였습니다. 이 학교에서 사람은 많이, 혹은 조금 배우고 졸업을 하게 되는데, 졸업이 곧 죽음이라고 하였습니다.

　어린이라고 해서 그들에게 거짓말로 죽음을 은폐하지 말아야 합니다. 정직과 진실로 인생의 길잡이가 되어 주는 것이 우리 어른들의 의무라고 생각합니다. 상실을 체험한 어린이들의 어려운 질문에 바른 답변을 해 주는 지혜로운 어른이 되기 위하여 우리는 이 책을 꼭 읽어야 하겠습니다.

사회복지법인 각당복지재단
이사장 김옥라

  2004년 각당복지재단 '삶과 죽음을 생각하는 회' 연구실장으로
일할 때, 김옥라 이사장님께서 내게 특별한 장학금을 주셨다. 미
국 피츠버그에서 열리는 ADEC(Association for Death Education and
Counseling) 연례회의 참가비용 전부를 지원하는 장학금이었다. 삶
과 죽음 분야에 관심 있지만 그 회의가 어떤 것인지 잘 모르는 내게
이사장님은 미국에 삶과 죽음 분야의 연구가 얼마나 발전되어 있고
어떤 활동이 있는지 눈뜨게 해 주고 싶으셨던 것이다.
  나는 6일 동안 진행되는 모든 강의와 세미나에 참여하였는데, 선
택강의 중에 "어린아이들의 상실과 슬픔"이라는 제목이 유독 눈에
띄었다. 그래서 그 강의가 진행되는 곳으로 발걸음을 옮겼다. 그때
만난 강사가 바로 이 책의 저자 린다 골드만(Linda Goldman)이다. 그
녀는 아주 또렷한 음성으로 어린아이들이 느끼는 상실과 아픔들에
대해 설명하였고, 그 아이들을 어떻게 돌보고 상담하고 치유해야 하
는가에 대해 강의하였다. 특별히 9·11 테러가 일어난 지 얼마 되지
않은 해였기 때문에 테러로 부모를 잃은 많은 어린아이들을 상담한

사례들을 곁들였다. 아이들의 발달 과정에 따른 죽음 이해, 죽음을 설명하기 위한 접근방법, 슬픔을 겪는 아이들을 위한 특별한 활동, 감정 표현을 위한 도움 등 그녀가 강의하는 모든 내용들이 내게는 새롭고 실제적이었다. 특별히 우리나라는 죽음에 대해서 애써 말하기를 거부하는 사회다. 더군다나 부모들이 아이들과 죽음에 대해서 이야기한다는 것은 더더욱 보기 드문 일이다. 아이들을 장례식장에 데려가는 경우도 거의 없는 것이 우리의 현실이다. 나도 이런 한국 사회에서 자랐기 때문에 그녀가 제시하고 설명하는 내용들이 더욱 신선했다. 또한 이것을 우리나라에 어떻게 접목시켜야 할지 생각하게 하는 강의였다.

몇 해 전 학기말 과제를 준비하던 중 이 책을 발견하였다. 읽다가 문득 ADEC 회의 때 결심했던 것이 떠올랐다. 바로 어린아이들과 죽음에 관련된 책을 우리나라에 소개하여 죽음준비교육의 이해를 넓히고, 아이들의 시각에서 죽음을 어떻게 바라보고 이해하며, 그들과 어떻게 대화해야 하는지 부모들과 교사들에게 좋은 가이드를 제시

해 주고 싶었던 것이다.

　많은 부모들은 자녀들에게 예상치도 못하게 죽음에 대한 질문을 받을 때가 있다. 또한 가까운 사람들의 죽음을 보게 되는 아이들은 여러 가지 궁금증을 안고 있다. 이 책은 사랑하는 사람들의 죽음과 상실을 경험한 아이들의 상담사례를 근거로 하여 매우 실제적이다. 이 책을 보면 아이들이 겪는 상실의 아픔과 슬픔, 분노와 죄책감 등 여러 가지 감정들을 엿볼 수 있다. 또한 아이들의 질문에 대한 저자의 대답을 통해 어떻게 아이들에게 죽음에 관련한 이야기를 해 줄 수 있을지 배울 수 있다. 저자는 죽음에 대한 진실을 가리고 얼버무리는 말로 대화를 피하는 것보다는 직접적이고도 열린 대화가 아이들의 슬픔을 치유하기 위한 좋은 방법임을 강조한다.

　사람들은 누구나 다 상실의 경험을 하게 된다. 부모, 조부모, 배우자, 친지, 형제, 친구, 자신의 죽음 등 모든 죽음은 슬픔을 비롯한 여러 가지 감정들을 동반한다. 더욱이 어린 시절에 겪는 상실의 경험은 아이들의 인생에 큰 영향을 끼칠 수 있다. 이러한 아이들과 어떻게 대화하고 죽음과 관련된 주제들에 대한 바른 이해를 심어 줄 수 있을까? 많은 분들이 이 책을 통해서 어린아이와 죽음에 대한 이해의 폭이 넓어져서 이러한 질문에 대한 해답의 실마리를 찾기를 기대한다. 마지막으로 도서출판 KMC와 편집실에 진심으로 감사를 드린다.

2013년 2월
클레어몬트에서 윤득형

Contents

아이들의 질문은
그들의 슬픔을
이해하고
돕기 위한 열쇠다

어린이들의 질문은
그들 영혼의 창문이고
그들 마음의 생각과
감정의 거울이다.

어린이들과 함께 죽음에 대해 이야기하는 것은 참 힘들고도 민감한 일이다. 그래서 종종 어른들은 그러한 질문을 하는 아이들 앞에서 할 말을 잃고 당황할 때가 많다. 무슨 말을 해야 할지, 어떻게 이야기해야 할지 모른다면, 대부분의 부모님들, 심지어 전문가들조차도 어린이들의 질문을 피하게 된다. 어떤 이들은 아이들의 질문에 답하기를 아예 거부하기도 한다. 여덟 살 앨리스는 내게 자신을 힘들게 했던 한 사건에 대해 설명하였다. 아빠의 장례식을 마치고 학교에 등교한 첫 주, 앨리스는 선생님에게 아빠의 죽음에 대해 이야기했다고 한다. 하지만 선생님은 한 마디의 말도 해 주지 않았다. 앨리스는 슬픔과 분노가 쌓인 채 내게 묻고 또 물었다. "왜 선생님께서 제게 한 마디의 대답도 해 주시지 않는 거지요?"

때때로 아이들은 사랑하는 사람들의 죽음에 대한 질문이 무시당하거나 가볍게 여겨질 때에 느끼는 분노와 외로움의 감정을 내게 토로한다. "엄마는 어디로 가신 거지요?", "제 강아지가 고통을 당했을까요?", "저도 죽게 되는 건가요?" 등의 의문은 남녀 아이들이 일반적으로 갖는 공통적인 질문이다.

관심어린 말과 성의 있는 대답은 이러한 아이들이 겪는 마음의 고통을 안정시키는 데에 큰 도움이 된다. 또한 아이들이 질문할 수 있도록 용인하는 것은 그들을 안심시키고 마음에 평안함을 줄 수 있는 아주 소중한 방법이다.

아이들의 질문을 존중하기

어른들은 아이들이 죽음에 대한 질문을 하게 될 때 종종 당혹감을 감추지 못한다. 그러면서 그들은 더 이상의 토의를 금하라는 의식적인 혹은 무의식적인 메시지를 보낸다. 어른들이 아이들의 질문에 대해서 필요 적절한 이야기를 하기보다는 알아듣지도 못할 아주 복잡한 방식으로 대답을 할 때, 아이들은 몹시 당황하게 된다. 어른들이 제한적인 대답을 하거나 대답하기를 아예 거부할 때, 아이들은 그 메시지가 의미하는 바를 곧 깨닫게 된다. 즉 어른들에게는 죽음에 대한 이야기가 금지된 주제이고, 더 이상 질문해서는 안 되는 것이라고 아이들은 이해하고 받아들인다.

조이의 엄마는 정말 궁금했다. "다섯 살 된 아이가 죽음에 대해 이런저런 질문을 해 올 때 뭐라고 대답해야 될지 모르겠어요." 간호사로 일하는 한 이웃은 조이의 엄마에게 이러한 대답을 해 주었다고 한다. "제 딸 애니는 다섯 살인데, 그 아이 역시 죽음에 대해 많은 질문을 합니다. 저는 딸에게 하루에 두 개의 질문만 할 수 있다고 말해 주었습니다. 만일 아이가 허락된 질문 이상을 하게 되면 아이 방으로 들어가서 30분 동안 생각하는 시간을 갖게 합니다. 이렇게 하는 것은 정말 효과적이었어요. 한 달도 채 지나지 않아 애니는 더 이상 죽음에 대한 질문을 하지 않게 되었답니다."

애니는 바로 이 메시시를 받았던 것이다. '죽음에 대한 질문을 멈춰라.'

아이들의 질문을 무시하거나 제한하는 것은 아이들에게 죽음에 대한 질문을 아예 못하게 만드는 것이다. 우리의 목표는 아이들이 하는 모든 죽음에 대한 질문을 환영하고, 받아들이고, 어떠한 비판 없이 솔직하게 대답할 수 있는 환경을 조성해 주는 것이다. 이 책의 목적은 열린 의사소통을 촉진하기 위하여 단순하면서도 직접적인 죽음에 대한 대화를 소개하는 데에 있다. 이러한 편안한 의사소통은 어른들이 젊은 세대를 만족시키고 훈육하기 위한 적합한 대답을 나눌 수 있는 하나의 길이라고 믿는다.

발달 과정 이해

아이들은 각기 다른 발달 단계에서 다시금 그리움과 슬픔을 경험한다. 초기 유년기 아이들은 보통 단순한 정의와 설명에 만족한다. 그들은 죽음을 다시금 되돌릴 수 있다고 여긴다. 또한 마술적인 생각을 포함한 자기중심적인 사고를 갖는다. 많은 경우 이 시기의 아이들은 가까운 사람의 죽음의 원인이 자신들에게 있다고 믿는다.

그들은 점점 더 나이가 들면서 그 죽음의 사실에 대해서 더욱 궁금증을 갖게 된다. 그리고 8세, 9세, 10세쯤 되면 새로운 관심과 호기심을 가지고 그 죽음에 대한 생각으로 다시 돌아온다. 초기 청소년기와 청소년기에 그들은 죽음에 대한 답을 찾기 위하여 자신들의 또래집단에 도움을 요청하려고 하는 아주 강한 요구를 가지고 있다.

이 나이 또래의 남녀 아이들은 죽음이 되돌릴 수 없는 것이라는 사실을 비로소 알게 된다. 삶은 유한하다. 이 시기에 청소년들은 자신들만의 영적인 믿음체계를 형성하기 시작하고, 그들의 친구들에게 도움과 이해를 기대한다. 그들은 스스로 자신들과 가까운 사람의 죽음과 관련된 원인을 대변해 주는 권한을 받았다고 여긴다.

무엇을 어떻게 말해야 할까?

여섯 살 새미가 엄마에게 물었다. "왜 아빠가 돌아가셔야만 하는 거지요?" 엄마는 대답했다. "왜 너는 그런 생각을 하니?" 새미의 엄마는 직접적인 대답을 하는 대신에 아들의 생각과 감정을 듣기 위한 비판 없는 열린 대화의 공간을 마련해 주었다. "제가 나쁜 아이라서 하나님이 화가 나셨기 때문에 아빠가 돌아가신 거라는 생각이 들어요." 새미는 그 나이에 맞는 마술적인 생각을 가지고 있었다. 그러한 생각 때문에 새미의 행동이 아빠의 죽음을 가져온 것이라고 믿게 된 것이다. 이러한 두려움을 겉으로 표현할 수 있었기 때문에 엄마는 아빠의 죽음과 그것을 둘러싼 사실에 대해서 이야기해 줄 수가 있었다. "아빠는 심장병으로 돌아가신 거란다. 오랫동안 심장이 좋지 않기 때문에 의사 선생님들이 아빠를 돌봐 주셨어. 이것은 셜코 네 잘못이 아니란다."

1) 비탄의 과정(Grief Process)이란 사랑하는 사람을 잃고 난 후에 겪게 되는 충격과 슬픔에서 어느 정도 회복되기까지의 감정적인 변화의 단계를 말한다. 일반적으로 충격, 부정, 고통, 죄책감, 분노, 타협, 우울, 수용, 희망 등을 이야기한다. 어떤 사람들은 엘리자베스 퀴블러 로스의 죽어 가는 사람이 경험하는 다섯 가지 단계를 슬픔의 과정으로 이해하기도 한다. 부정, 분노, 타협, 우울, 순응, 그리고 희망. (역자 주)

아이들의 죽음에 대한 질문은 그들 내면세계의 본질을 드러내 주고, 비탄의 과정(Grief Process)[1]에 깊은 통찰력을 만들어 준다. 그들은 종종 두려움과 염려를 나타낸다. 그들에게는 직접적으로 대화에 뛰어드는 것보다, 질문을 하게 하는 방식으로 대화하는 것이 보다 쉬운 방법이다. 내면의 귀를 열고 아이들의 질문 뒤에 감추어진 감정에 귀를 기울이는 것은 그들이 직접 말하지 않은 생각과 감정을 드러낼 수 있게 하고, 그들의 마음을 편안하게 해 줄 수 있는 유익한 도구이다.

이 책의 각 장에는 죽음과 관련된 각각의 주제를 다루기 위해 도움이 될 제안을 포함하고 있다. 또한 죽음의 주제에 대한 아이들의 질문을 존중하는 실제적이면서도 연령 수준에 맞는 대화가 들어 있다. 이러한 대화는 토의를 위한 열린 장을 마련해 준다. 사려 깊은 어른들은 아이들이 죽음에 대한 더 깊은 이해를 도모할 수 있도록 편안하고 자신감을 심어 주는 방법으로 아이들과 대화할 수 있다.

아이들의 질문은
그들의 슬픔을 이해하고
돕기 위한 열쇠다.

Chapter 1

왜 엄마가
죽어야만
했나요?

왜 엄마가
죽어야만 했나요?

어린아이에게 부모나 형제자매의 죽음에 대한 이야기를 꺼내는 것은 너무나도 힘든 일이다. 더구나 그 죽음에 대한 이유를 직접적으로 말하는 것은 더욱 그러하다. 그래서 우리는 종종 어떻게 설명해야 할지 몰라서 걱정한다. 죽음을 설명하는 필요적절한 말을 찾기란 좀처럼 쉬운 일이 아니다. 우리는 이 주제를 이야기하기에 아이들이 너무 어린 것 아닌가 생각하기도 한다. 아이들이 이 말을 감당할 수 있을까 하는 염려를 한다.

아이들과 함께 일하고 죽음에 대한 주제를 다루어 오면서 나는 더욱 깊은 확신을 얻었다. 그것은 바로 그들이 이 민감한 주제를 잘 다룰 수 있다는 것이다. 오히려 아이들이 더 감당하기 어려운 것은 그 대화에서 배제되거나 무시당하거나 거짓말로 대충 얼버무려지는 경우다. 많은 남녀 아이들, 특별히 청소년들은 정확하고도 진실한 대답을 들을 때 편안한 마음을 느낀다. 만일 너무 많은 정보로 설명이 길어진다면, 대부분의 아이들은 그 대화에 전혀 관심을 갖지 않을지도 모른다. 조금 더 나이가 들었을 때, 그들은 가까운 사람에게 무슨 일이 일어났던 것인지 진실을 더욱 알고 싶어 하게 되고, 결국 친구들에게 도움 받기를 기대할 것이다.

어린아이들과 죽음에 대해 대화하는 하나의 좋은 출발점은 단순하고도 직접적인 대답을 주는 것이다. 그 대답을 들은 아이들이 곧 이어서 하게 될 다른 질문에 대해서도 마음의 문을 열어 놓아야 한다. 그들이 나이가 들면, 사랑했던 사람의 죽음을 다시금 상기하면서 더 자세하고 깊은 이해를 원한다. 다시 말해서, 그들이 성장해 감에 따라 그들은 사랑했던 사람들이 왜 죽음을 당했는지에 대한 질문을 계속해서 되뇔 것이다.

다음에 나오는 사례연구는 여섯 살 때 엄마를 잃은 타냐의 경험을 보여 준다. 이것은 타냐의 여섯 살, 아홉 살, 열한 살 때의 질문을 추적한 연구다. 아이들은 각기 다른 발달 단계들 안에서 다시금 비탄의 과정을 겪는다. 타냐의 슬픔에 대한 반응은 그녀가 성숙해짐에 따라 그 나이 때에 맞는 적절한 사고와 감정의 발전을 보이면서 바뀐다.

＊ 타냐(6세)

타냐의 삶이 완전히 변하게 된 것은 여섯 살 때다. 타냐는 어머니가 돌아가신 후 슬픔치유를 위해서 내게 맡겨졌다. 처음 그 아이를 만났을 때 타냐는 매우 중요한 기억을 나에게 이야기해 주었다. 학교가 끝난 후 타냐는 집으로 달려와 문을 열고 엄마에게 인사하려고 했다. 그러나 순간 아이는 집안 이곳저곳에서 서로 이야기하며 울고 있는 사람들로 가득 차 있는 것을 발견하게 되었다고 한다. 또한 타냐의 아빠는 한쪽 구석에 머리를 손에 파묻고 이리저리 흔들거리며 앉아 있었다고 한다. 나는 타냐에게 물었다. "무슨 일이 벌어지고 있다고 생각했니?" 타냐는 고개를 흔들며 아래쪽을 내려다보며 말했다. "무슨 일이 있었는지 그때는 몰랐어요."

타냐는 계속해서 그때의 모습을 묘사했다. 삼촌 매트가 다가와 자신을 감싸 안고 속삭였다고 한다. "너에게 좋지 않은 소식이 있어. 엄마가 돌아가셨단다." 그 말을 하면서 타냐는 비로소 내 사무실에서 울기 시작했다. 나는 물었다. "타냐야, 많이 슬퍼 보이는구나. 왜 그런 마음이 드는지 말해 줄 수 있겠니?" 아이는 말했다. "삼촌이 엄마가 돌아가셨다는 말씀을 하셨을 때 저는 그 말이 도무지 사실이라고 믿을 수 없었어요. 심지어 눈물조차도 흘릴 수가 없었어요. 어떻게 엄마가 돌아가실 수 있는 건가요? 우리는 오늘 아침에도 함께 식사를 했는데 말이에요. 나는 지금도 엄마가 다시 돌아올 수 없다는 사실을 믿을 수가 없어요." 아이는 다시 눈물을 쏟았다.

"누구나 자신이 사랑하는 사람이 죽을 수 있다는 사실을 믿는 것은 참으로 힘든 일이란다. 사랑하는 사람들이 지금 여기에 함께할 수 없다는 사실을 생각하는 것도 무척 슬픈 일이란다." 나는 설명해 주었다. "네가 마음속으로 어떤 일을 겪었는지 기억할 수 있겠니?" 타나는 큰 갈색 눈으로 나를 쳐다보며 말했다. "네, 기억해요. 많은 말이 제 마음속에서 계속해서 맴돌았어요. '엄마가 돌아가셨어. 이건 사실이 아니야. 이 일이 내게 일어난 게 아니야.' 그러고 나서는 지금도 떠나지 않는 매우 중요한 질문이 하나 떠올랐어요. 왜 엄마가 꼭죽어야만 했던 거지요?"

우리는 왜 죽어야 하나요?

Q 엄마는 왜 돌아가신 건가요?

타냐야, 이건 아주 중요한 질문이고 너도 이 사실을 알아야 한다고 생각해. 네 엄마는 길을 건너가다가 지나가던 차에 치어 돌아가셨단다. 그 차가 엄마를 너무 세게 쳐서 엄마는 심한 상처를 입으셨어. 그래서 엄마 몸의 기능이 멈추게 되었단다. 여기에 대한 다른 질문이 있으면 언제든지 내게 말해 주렴.

Q 엄마가 다시 돌아올 수 있나요?

아니야. 죽음이란 다시 되돌릴 수 있는 것이 아니란다. 죽음은 다시 삶으로 바꿀 수 있는 게 아니야. 이것은 마술 같은 것이 아니야. 엄마는 다시 돌아오시지 않는단다. 너와 같은 나이 때의 아이들은 죽음은 다시 뒤집을 수 있는 것이라고 생각을 하지. 장례식과 하관식에도 참여하고, 천국에 있는 모습도 그려보기까지 했더라도 여전히 사랑하던 사람이 다시 돌아올 것이라고 생각을 한단다.

Q 엄마에게 편지를 써서 우편함에 넣었어요. 그런데 엄마는 왜 제게 답장을 하지 않는 것이지요?

엄마는 답장을 쓰실 수가 없어. 엄마는 돌아가신 거란다. 엄마 몸은 더 이상 움직일 수 없어. 슬프지만 죽음은 다시 되돌릴 수 없는 일이란다. 그래서 엄마는 답장을 쓰실 수가 없는 거란다.

Q 오늘은 엄마 생신이에요. 왜 아무도 엄마의 이름을 말하지 않는 거지요? 이 사실이 저를 화나게 해요.

네가 왜 화가 나는지 이해한다. 이날은 중요한 날이지. 또한 네가 엄마에 대해서 많이 생각하는 것처럼 보이는구나. 그런데 엄마에 대해서 이야기 나눌 사람이 아무도 없으니 마음이 아프겠구나. 어떤 사람들은 엄마에 대해서 너와 이야기 나누는 것을 꺼리기도 하지. 엄마에 대한 이야기를 꺼내서 너를 더욱 슬프게 할 수 있다고 생각하기 때문이란다. 또 어떤 사람들은 어떤 말을 어떻게 해야 할지 몰라 염려하기도 한단다. 그들은 엄마 생신날인 오늘 네가 이미 엄마에 대해 생각하고 있고, 엄마에 대한 네 생각을 이야기하고 싶어 하는 것을 이해하지 못하는 거란다.

Q 그때 엄마는 감기에 걸렸어요. 그런데 제가 그날 엄마를 집에 계시게 하지 못했어요. 엄마가 돌아가신 게 제 잘못인가요?

물론 아니야. 네가 엄마를 돌아가시게 한 것이 아니야. 네게는 아무런 책임이 없단다. 많은 네 나이 또래의 아이들이 종종 이러한 죄책감을 갖기도 한단다. 아이들은 사랑하는 사람이 죽음을 맞게 됐을 때 이것이 자신의 잘못일지도 모른다고 생각하지. 그러나 그것은 전혀 사실이 아니야. 그리고 그러한 일은 일어나지도 않는단다. 엄마가 차에 치인 것이 돌아가신 진짜 이유란다.

✳ 타냐(9세)

Q 엄마가 돌아가신 지 3년이 지났어요. 그런데 저는 엄마가 왜 돌아가셨는지 아직도 궁금한 거지요?

참 좋은 질문이구나. 많은 아이들이 점점 자라가면서 자신이 사랑하던 사람들의 죽음을 다른 방식으로 생각하게 되면서 슬픔의 과정이 다시 찾아온단다. 일반적으로 너와 같은 나이 또래의 아이들은 보통 사랑하던 사람의 죽음에 대해서 조금 더 자세히 알고 싶어 한단다.

Q 저는 왜 엄마가 돌아가셔야만 됐는지 그 사실을 좀 더 알고 싶어요. 어떻게 자세한 내용을 찾을 수 있을지 이야기해 주실 수 있나요?

내가 아는 한 어떤 것이든 말해 줄 수 있단다. 한번 네가 가장 알고 싶은 것들을 목록으로 만들어 보면 어떻겠니? 대부분 너와 같은 또래의 아이들이 그 사실에 대해서 궁금해한단다. 아이들은 그들이 더 어릴 때 생각할 수 없었던 많은 질문을 생각하게 된단다.

Q 사고 당시에 무슨 일이 일어났던 거지요? 그 차를 운전하던 사람은 누구인가요? 사고가 일어난 장소는 어디인가요?

이러한 질문은 매우 중요하다고 생각해. 타냐야, 만일 내가 이 모든 질문에 대한 답을 모른다면, 우리 함께 찾아보도록 하자. 그 사고는 너의 집 앞 거리의 끝부분, 엘름과 멀버리 길이 만나는 지점이었단다. 운전했던 사람의 이름은 아담스 씨고, 그는 네 엄마가 길을 건너는 것을 미처 보지 못하고 치게 된 거란다. 의사 선생님들은 엄마의 심장이 더 이상 움직이지 않았고, 그 자리에서 돌아가셨다고 하셨어. 곧바로 구급차가 왔지만 엄마는 이미 숨을 거둔 상태였단다.

Q 그럼, 엄마의 몸에는 어떤 일이 일어난 거지요?

그건 나도 잘 모르겠구나. 아마도 네 아빠가 이야기해 주실 수 있을 것 같다. 아빠에게 한번 물어보지 그러니?

✳ **타냐(11세)**

Q 엄마가 돌아가신 지 꽤 오랜 시간이 지났는데도 여전히 마음이 슬퍼요. 왜 이리도 엄마를 그리워하는 걸까요?

많은 아이들이 돌아가신 엄마를 아주 오랫동안 그리워한단다. 생일날이나 명절에는 더욱 생각나지. 때로는 나비를 보면서 사랑하던 사람을 기억하기도 하고, 아주 특별한 순간을 상기시키기도 한단다.

아무도 엄마가 계신 곳으로 데려다 줄 수는 없단다. 네가 말했던 것처럼 학교에서 연극을 하거나 피아노 연주회를 할 때 엄마 생각이 많이 난다는 것을 알아. 엄마가 그곳에 함께하지 못한다는 것을 느끼고는 슬픈 마음이 들지. 아마도 너는 엄마가 하셨던 목걸이를 행운의 징표로 목에 걸거나 낸시 이모를 초대해서 그러한 자리에 함께할 수 있을 게다.

Q 아직도 왜 엄마가 돌아가셔야 됐는지 이해할 수 없는데 어떻게 하지요? 엄마가 왜 돌아가시게 됐는지 이해할 수 있도록 도와주세요.

너는 이제 열한 살이 되었고, 계속 성장하고 있단다. 네 나이 때의 아이들은 다른 대답을 찾고 싶어 하지. 엄마의 죽음에 대해서 더 많은 것을 알고 싶어 하는 것은 충분히 이해할 만한 일이란다. 내 생각에는 네 친척들이나 엄마 친구들을 찾아가서 엄마의 죽음에 대해서 설명해 줄 수 있는지 여쭤보는 것도 좋을 것 같아. 어쩌면 그분들에게서 네가 생각지 못한 놀랄 만한 대답을 듣게 될지도 모르겠구나.

Q 그때 운전했던 사람에 대해 말씀해 주실 수 있나요? 어떤 사람의 이야기로는 술 취한 운전자였다고 하던데요.

네 질문에 대한 답을 찾은 것 같아 기쁘구나. 사실 그는 술 취한 운전자였단다. 이 사실은 그 당시 차 사고를 이해하는 데에 더 많은 도움이 될 것이다. 이것은 네 잘못도, 엄마의 잘못도 아니었단다. 잘못한 사람은 바로 그 차를 운전했던 운전자였어. 그는 당시 술을 너무 많이 마신 상태로 운전을 해서 안전하게 운전하지 못했던 것이란다. 그는 아주 좋지 않은 운전 경력이 있고 몇 차례 구속된 적도 있는 사람이었단다.

Q 저는 결코 술 마시고 운전하지 않을래요. 제 친구들도 그러지 않게 할 거고요. 무척 화가 나요. 그는 천벌을 받아야 해요. 왜 그 사람은 운전에 집중하지 않았을까요? 그가 무슨 짓을 한 거지요? 감옥에 들어갔나요?

그래, 나도 동의한다. 술 취한 운전자는 반드시 벌을 받아야 해. 그리고 네게는 화를 낼 만한 충분한 권리가 있다고 생각해. 아빠에게 한번 여쭤 보렴. 그 뒤에 어떤 일이 일어났는지 알 수 있을 게다. 다른 궁금한 것은 가족들에게 물어보면 도움이 될 게다. 아빠가 이 일에 대해서 기꺼이 설명해 주실 거야. 그 운전자는 체포되었고, 술 취한 상태로 운전한 것이 입증되어 유죄를 선고받았어. 그래서 일정기간 동안 감옥에서 지내게 됐단다. 도서관에 가 보면 그 당시 엄마의 죽음에 대한 신문기사들을 볼 수 있고, 무슨 일이 일어났는지 더 자세한 사실을 찾을 수 있어. 더 나아가 술 취한 운전자들의 사고와 죽음에 대한 통계자료들도 볼 수 있을 거야.

Q 그 사람이 얼마나 오랫동안 감옥에 있었는지 간에 그것으로 충분하지 않다고 생각해요. 엄마를 되돌려 주기에는 충분치 않아요. 제가 음주운전을 방지하는 것을 도울 수 있을까요?

그럼, 그렇고말고. 네가 음주운전 방지를 위한 글을 쓰거나 강연도 할 수 있단다. 무슨 다른 생각이 있니?

Q 어떤 프로젝트를 생각해 봤어요. 저희 학교에서 음주운전에 대한 토론회를 열 수 있게 돕고 싶어요. 제가 다른 아이들에게 제 엄마에 대한 이야기를 할 수 있을까요?

그럼, 그렇게 생각한다. 정말 좋은 생각이다. 많은 친구들에게 도움이 될 게다. 왜냐하면 음주 운전자가 네 엄마를 죽게 했고, 술 마시고 운전하는 것에 맞서 네 주장을 말하는 것은 엄마의 죽음에 의미를 부여하는 뜻 깊은 일이 될 거야. 다른 사람들에게 그러한 도움을 주는 것은 엄마가 왜 돌아가셨는지에 대해 중요한 의미를 더해 주리라 본다. 너는 다른 친구들이 음주운전의 결과에 대해서 더 생각해 볼 수 있는 좋은 기회를 제공해 줄 거라 믿는다.

Q 누구와 이 이야기를 나누면 좋을까요? 누가 이해해 줄 수 있을까요?

때로는 너와 같은 나이 또래에 비슷한 경험을 한 아이들이 있으면 더 잘 이해할 수 있을 거다. 네 또래의 아이들은 도움을 받기 위해서 다른 친구들과 이야기하는 것을 좋아한단다. 아마도 같은 또래의 슬픔치유 그룹에서 도와줄 수 있을 거야. 한번 너와 같은 나이 또래를 위한 슬픔치유그룹을 찾아보면 어떨까? 한번 시도해 보고 괜찮은지 보면 좋겠구나.

생각을 정리하며

아이들은 독특하다. 그들의 질문 또한 그렇다. 우리는 각각의 아이들에게 그 나이와 발달 단계에 따른 이해력에 맞춰서 대답해야 한다. 또한 같은 아이라 하더라도 한 살 두 살 나이가 들어감에 따라 그 나이에 맞는 새로운 이해의 단계를 갖는다는 것을 알아야 한다. 그리고 아이들이 자신이 사랑하던 사람의 죽음에 대한 의문이 다시금 찾아왔을 때에는 다른 방법으로 대답을 해 주어야만 한다. 또한 우리는 모든 질문마다 확실한 대답이 있는 것은 아니라는 점을 인식할 필요가 있다. 어떤 것들은 대답할 수 없는 불가사의한 것으로 남을 수도 있다.

Chapter 2

죽음이란
무엇인가요?
사람들은
어떻게 죽나요?

죽음이란
무엇인가요?
사람들은
어떻게 죽나요?

아이들은 자신의 나이에 적절한 방식으로 죽음의 진실을 알 필요가 있다. 그들은 보통 거짓으로 이야기하는 것에 대해서 잘 알고 있다. 그래서 거짓말은 때로 또 다른 차원에서 그들의 감정적인 신뢰를 무너뜨리기도 한다.

사람들의 죽는 모습은 매우 다양하다. 때로 어른들은 치명적인 질병이나 갑작스런 사고, 살인, 자살 또는 자연적인 죽음이나 사람들의 잘못으로 비롯된 재해 등을 정확한 언어로 설명하는 데에 어려움을 겪는다. 어른들은 많은 남녀 어린이들이 자신들의 발달 단계에 맞는 단순하고도 정직한 대답을 듣는 것으로 만족한다는 것에 놀라움을 금치 못한다. 여섯 살인 레베카는 이런 질문을 했다. "어떻게 엄마가 돌아가신 건가요?" 이 질문에 대해서 그저 "네 엄마는 아주 많이 아프셨단다."라는 대답이 아마도 충분한 답변이 될 것이다.

사례 연구

✱ 그렉(5세)

다섯 살 그렉은 슬픔에 잠겨 있다. 그의 애완동물인 저빌(생쥐과의 애완용 쥐), 자스퍼가 죽었기 때문이다. 자스퍼는 우리 안에 움직이지 않은 채로 누워 있었다. 그렉은 소리치며 울기 시작했고, 아이 엄마는 무슨 일이 일어났는지 보기 위해서 방안으로 달려 들어왔다. "자스퍼에게 무슨 일이 일어난 것 같아요. 전혀 움직이지 않아요. 너무 무서워요." 엄마는 눈물을 보이며 말했다. "사랑스런 아들아, 자스퍼가 죽은 것 같구나." 그렉은 두 손을 귀에 대며 소리쳤다. "아니에요. 아니라고요. 그럴 리가 없어요. 그럴 리가 없어요."

Q 죽음이란 무엇인가요?

죽음이란 몸의 기능이 중단된 상태를 말한단다. 의사나 간호사가 환자들의 몸이 회복되도록 최선을 다해 치료하지만, 때로는 사람들은 회복될 수 없는 아주 치명적인 상처를 입었거나, 심각한 병에 걸렸거나, 또는 나이가 아주 많이 들어서 죽기도 하지. 자스퍼는 죽은 거야. 더 이상 움직이지 않고, 몸이 따뜻하지도 않고, 또 다시 살 수 없는 거란다.

Q 몸이 더 이상 움직이지 않을 때 어떤 것을 할 수 없게 되지요?

몸이 움직이지 않으면, 음식을 먹을 수 없고, 놀이도 할 수 없고, 텔레비전도 볼 수가 없단다. 또한 숨을 쉴 수가 없게 되지. 자스퍼는

우리는 왜 죽어야 하나요?

이미 죽어서 몸이 점점 차가워졌고, 더 이상 기능을 하지 않는 거란다. 이제는 우리 안에서 달리기도 할 수 없단다.

Q 그런데 지스피의 몸은 어디로 가게 되는 것인가요?

동물과 사람은 죽으면 땅에 묻히지. 네가 준비되면, 우리 함께 자스퍼를 묻어 줄 상자를 하나 찾아보자. 자스퍼의 몸을 덮을 수 있게 가벼운 담요를 찾아보는 것도 좋겠다. 그리고 그 안에 네 생각에 뭔가 특별한 것을 함께 넣어 둘 수도 있단다.

Q 제 사진을 하나 넣어도 될까요? 자스퍼가 아마 좋아할 거고, 외로움을 느끼지도 않을 것이에요. 그리고 자스퍼의 장난감도 같이 넣었으면 좋겠어요.

그거 좋은 생각이구나. 네가 자스퍼를 기억할 만한 것들로 그 상자를 장식해 보는 것도 좋을 것 같다.

Q 우리 함께 자스퍼를 묻어도 될까요?

그럼, 모든 사람들이 함께 참여할 수 있도록 하나의 의식을 갖는 것도 좋겠구나. 네가 기도를 해도 좋고, 촛불 점화도 좋고, 풍선을 날리는 것도 좋을 것 같고, 또 꽃을 심는 것도 괜찮을 것 같다. 누군가 죽은 이후에 이러한 특별한 일을 하는 것으로 마음이 편안해지기도 한단다.

✳ **알렉스(9세)**

Q 엄마가 암으로 돌아가셨어요. 암이란 무엇인가요?

암은 질병 중 하나인데, 세포라고 하는 우리 몸의 아주 작은 부분에서부터 발생하게 되는 거란다. 그 세포들은 현미경으로만 볼 수 있을 정도로 우리 눈으로는 볼 수 없는 아주 작은 거란다. 대부분의 세포들은 건강해서 우리가 살 수 있도록 돕는 역할을 하지만, 암세포들은 그것들과 다른 종류란다. 암세포들은 일반적인 세포들처럼 생기지도 않았고 그것들처럼 자라지도 않아. 때로는 너무 빨리 자라나서 좋은 세포들을 몰아내고 자기들이 그 자리를 빽빽이 차지한단다. 이것을 암이라고 부르지.

Q 어떻게 그것이 엄마를 돌아가시게 한 건가요?

네 엄마에게 종양이 있었단다. 모든 암세포들은 정상적인 세포들이 더 이상 활동할 수 없게 될 때까지 계속해서 자라고 또 자란다. 그 종양이 아주 크게 자라서 엄마의 몸을 더 이상 움직이지 못하게 한 거란다.

Q 왜 우리 엄마처럼 착한 사람들이 젊은 나이에 돌아가셔야 하나요?

아주 어려운 질문이구나. 네 엄마는 정말 돌아가시기에는 너무 젊은 나이로구나. 아이들뿐 아니라 어른들도 왜 네 엄마처럼 좋은 분들이 암에 걸리게 되는지 도무지 이해하지 못한단다. 때로는 우리가 대답할 수 없는 알 수 없는 일들이 있단다.

✳ 카일(11세, 총격 사건으로 형을 잃었다.)

Q 엄마는 토니 형이 사고로 죽었다고 하셨어요. 어떤 아이는 형이 살해당했다고 하는데, 정말 형은 어떻게 죽게 된 건가요?

토니는 살해당한 거란다. 살해당했다는 것을 다른 말로 표현하면 죽임을 당했다고도 하는데, 어떤 사람이 고의로 또 다른 누군가의 몸의 기능을 멈추게 하려고 결심해서 일어나는 것을 말한단다. 토니는 어떤 낯선 사람의 총으로 죽임을 당하게 된 거야. 그 사람은 차에 타고 있었고 길을 걸어가고 있던 토니에게 쏜 것이란다.

Q 사람들이 형을 쏜 그 사람을 찾았나요?

경찰들이 그 사람을 찾기 위해서 열심히 노력하고 있단다. 아마 조만간 학교 친구들이나 텔레비전 또는 인터넷을 통해서 더 많은 정보를 얻게 될 게다. 그리고 또 한 가지 중요한 것은 늘 부모님이나 나에게 네가 알게 된 사실을 이야기해야 한다는 거야. 그래야 그저 여기저기서 들리는 잘못된 소문을 믿지 않고 무슨 일이 일어났는지 진실을 알 수 있어.

Q 저는 총격 사건에 대해 말하기 싫은데, 그게 엄마를 걱정하게 할 것 같아요. 그래도 괜찮나요?

때로는 아이들이 이러한 충격적인 죽음에 어떤 반응을 하는 것에는 시간이 좀 필요하단다. 너도 아마 이 이야기를 자연스럽게 이야기하기까지는 시간이 필요할 거야. 네 부모님도 아마 네가 마음속 감정(화를 내거나 슬퍼하거나 또는 두려워하는 등)을 드러내지 않아서 크게 염려하고 계실지도 모른다. 부모님께 네가 아직 자신의 감정을 이야기할 준비가 되지 않았고, 마음의 준비가 충분히 됐을 때 말씀드리겠다고 하는 것이 좋을 것 같구나. 충분히 생각할 시간을 갖겠다고 말하는 것은 괜찮은 일이란다.

Q 계속 그 사건을 상상하게 돼요. 너무 무서워요. 주사라도 맞아야 되나요?

때로 사람들은 아주 끔찍한 일로 죽게 되기도 한단다. 이러한 살인 사건을 계속해서 상상하면서 이 일이 네게도 일어날 것이라고 생각하며 지내는 것이 너를 더욱 힘들게 만드는구나. 만일 네가 토니의 죽음에 대해서 어떻게 생각하는지를 그림으로 표현을 해 보거나, 마음속에서 너를 힘들게 하는 그 형상들을 종이 위에 그려 본다면, 그것들을 제거하는 데에 도움이 되리라 생각한다. 그러고 나면, 아마 두려운 마음이 조금은 사라질 게다.

또한 너만의 안전을 염두에 두는 것도 중요한 일이야. 경찰들이 백방으로 그 살인자를 찾기 위해서 일하고 있지만, 너의 안전을 위해서 너희 집 문을 잠그는 것을 잊지 않는다든가 응급 시에 걸어야 할 전화번호(우리나라 119, 미국 911, 영국 999)를 숙지하고 있어야 하고, 길을 걸을 때는 혼자서 다니지 말고 어른들이나 친구들과 함께 다니도록 해라.

우리는 왜 죽어야 하나요?

Q 아빠는 어떻게 돌아가신 건가요?

토미야, 네 질문은 마치 아빠가 어떻게 돌아가셨는지 확신이 서지 않는다는 말처럼 들리는구나. 아빠에게 무슨 일이 일어났다고 생각 하는지 네 생각을 한번 이야기해 볼래?

Q 사람들은 심장마비, 뇌출혈, 약물, 또는 그냥 모른다고 말해요. 정말 무 슨 일이 일어났던 거지요?

사실 네 아빠는 스스로 목숨을 끊으셨단다. 자살이라는 것은 누 군가 스스로 자신의 몸이 더 이상 움직이지 않도록 만들려고 결정 하는 것을 말한다. 네 아빠는 오랫동안 아주 깊은 슬픔에 잠겨 있었 단다. 그것을 우울증이라고 한다. 그 때문에 아빠는 하루 종일 잠을 잔다든가 화를 내는 일이 종종 있었단다. 그뿐 아니라 왜 그런 슬픈 마음이 드는지도 알 수 없고, 때로는 해야 할 일을 잊어버리기도 하 고, 슬픈 감정에 압도당하게 된단다. 어느 날 아빠는 너무나 많은 약 을 드셨고, 그 일 때문에 아빠의 몸이 더 이상 움직이지 못하게 되었 어. 아빠는 엄마에게 쪽지를 남겼는데, 거기에는 더 이상 살고 싶지 않다는 말이 적혀 있었단다. 엄마는 아빠가 너를 아주 많이 사랑했 고, 네가 축구를 아주 잘하는 것에 대해서 자랑스러워했다고 하셨어.

✳ 메리 (12세, 아버지가 자살하였다.)

Q 저는 아빠의 모습조차 기억나지 않아요. 아빠는 제가 두 살 때 돌아가 셨어요. 엄마는 아빠가 사고로 돌아가셨다고 했어요. 그렇지만 더 이 상 그 말을 믿을 수가 없어요. 저는 많은 이야기를 들어서 신문들을 샅 샅이 찾아서 진실을 찾아봤는데, 아버지의 죽음은 자살이었어요. 제가 어떻게 다시 엄마의 말을 믿을 수 있겠어요?

너의 감정적인 세계에서 엄마에 대한 신뢰를 잃었다는 것은 충분 히 이해가 되는구나. 엄마는 오랫동안 네게 진실을 숨겨 왔다. 네가 자살에 대해 이해하지 못할 것을 걱정하셨던 거란다. 또한 엄마는 어린 나이인 네게 어떻게 이 사실을 설명해야 할지 적당한 말을 찾을 수가 없었던 거다. 이제 네가 더 성장함에 따라서 그동안 네 질문을 회피해 온 것이 지금 더 큰 거짓말만 만들게 되었구나. 그래, 이제 너 도 아버지의 죽음에 대한 진실을 알고 있을 거야. 네 아빠는 다리에 서 뛰어내렸고 이것을 본 사람도 있단다. 아빠는 오랫동안 일자리를 찾지 못해 깊은 우울증에 시달려 왔단다.

Q 진실을 알게 되어서 마음이 더 편안해요. 이제 모든 것이 이해가 되네 요. 엄마에게 화가 나는 제 감정이 잘못된 건가요?

아니야. 충분히 이해가 된다. 비록 그것이 최선의 의도였다 하더 라도, 네가 사랑했던 사람이 오랫동안 거짓말을 해 왔다는 것을 알 게 된다는 것은 참으로 너를 힘들게 한다는 것을 알아. 또한 이것이 어른들을 다시 신뢰할 수 있는지에 대해 생각하게끔 했다는 것도 안 다. 비록 진실이 감당하기 어려운 일일지라도, 많은 아이들이 어린 시절에 부모님의 죽음에 대한 진실을 알기보다는 거짓된 이야기를 들을 때 더욱 고통스러워한단다. 아마도 네가 그것 때문에 분노하고 있다는 사실을 엄마에게 말하는 것이 좋을 것 같다.

생각을 정리하며

아이들의 나이에 맞게 진실을 말하는 것은 아이들의 신뢰를 든든히 하는 데에 큰 도움이 된다. 우리에게는 바른 의사소통을 위해 아주 분명하고 간결한 언어가 필요하다. 때로 아이들은 친구들이나 가까운 친척들, 혹은 뉴스를 통해서 자신들의 사랑하는 사람의 죽음에 대해 전혀 다른 이야기를 듣기도 한다. 그들은 진짜 대답을 찾기를 간절히 바라고 있다. 죽음에 대한 정의와 사람들이 죽는 특정한 이유를 숙지하면서 적절한 대답과 대화를 준비하는 것은 슬픔에 잠겨 있는 아이들의 마음을 열어 대화하도록 도울 수 있고, 정직함을 유지시켜 줄 수 있다.

Chapter 3

제가 필요할 때
하나님은 어디에
계셨나요?

제가 필요할 때
하나님은 어디에 계셨나요?
어떻게 하나님은 제 동생이
죽는 것을 보고만 계시나요?

아이들뿐 아니라 성장한 어른들도 사랑하는 사람을 떠나보내고 난 후에 때로는 하나님에 대한 질문을 갖게 된다. 그들이 가장 많이 하는 질문은 "어떻게 하나님이 이러한 일이 생기도록 내버려 두시는가?"라는 것이다. 누군가의 죽음 이후에 하나님에 대해 분노하고 내버려진 느낌을 갖는 것은 아주 일반적인 일이다. 어떤 아이들은 신앙을 잃어버리기도 하고, 어떻게 사랑의 하나님이 이러한 무시무시한 일이 벌어지도록 했는가에 대해서 의문을 갖기도 한다. 어른들 또한 이런 생각을 한다. 어떻게 착한 사람들에게 이러한 끔찍한 일들이 벌어지는가 하고 말이다. 그렇지만 사실은 누군가의 죽음 이후에 사람들이 갖게 되는 하나님에 대한 분노와 좌절, 실망감 등을 이해해 주며, 그들이 갖게 되는 이러한 감정을 나누게 하는 것은 그들의 슬픔의 과정을 극복해 나아가는 데에 도움이 되기도 한다. 사실

이러한 감정을 표현하는 것 자체가 이러한 감정을 없애는 데에 큰 도움이 되기도 한다.

사례
연구

✽ **사라(5세)**

진부한 표현은 때로 어린아이들이 죽음을 이해하는 것을 방해한다. 왜냐하면 그들은 언어를 문자 그대로 이해하기 때문이다. 하나님과 관련된 이러한 진부한 표현이 많다. 5세인 사라는 할머니의 죽음이 하나님의 뜻이라고 들었다. 즉 하나님이 할머니와 함께하기 위해서 데려가셨다는 말이다. 할머니는 정말 착한 분이기 때문에 하나님이 할머니를 많이 사랑하셨다는 것이다. 사라는 이러한 설명을 잘못 이해했기 때문에, 만일 하나님이 할머니를 데려가실 수 있다면 자신도 데려가실 수도 있다는 생각을 했다.

Q 엄마는 할머니가 정말 좋은 분이기 때문에 하나님이 데려가셨다고 했는데, 저도 착하지 않나요? 그런데 왜 하나님은 저는 데려가시지 않나요?

그래, 사라야. 너는 착한 아이야. 할머니 또한 그렇단다. 하나님은 그저 착하다는 이유만으로 사람들을 데려가시는 분이 아니란다. 사람들은 죽는단다. 그렇지만 왜 어떤 사람은 오래 살고 또 어떤 사람은 일찍 죽게 되는지 아무도 모른단다. 아무도 언제 죽게 되는지 모른단다. 또한 모두가 언젠가는 죽게 된단다. 그러나 죽는다는 것 또한 우리 삶의 일부분이란다. 착한 일을 한 사람이건 나쁜 일을 한 사람이건 말이다.

✷ **줄리안(7세)**

Q 제 동생 샘은 아주 아팠어요. 우리가 의사 선생님께 데려가서 모든 치료를 다 했어요. 어떻게 하나님이 동생을 죽도록 내버려 두실 수 있는 건가요?

줄리안, 때로는 우리가 대답할 수 없는 것들도 있단다. 너와 아빠 엄마 모두 할 수 있는 최선을 다해서 동생을 돌봐 주었고 그의 건강을 위해서 모든 노력을 다했다는 것을 안다. 모두 그렇게 힘들게 최선을 다했을 때 하나님을 비난하지 않는다는 것은 참으로 힘든 일이지. 많은 사람들이 사랑하는 사람을 죽게 내버려 두지 않기 위하여 아주 힘들게 최선을 다했는데도 죽음을 맞게 될 때 하나님께 실망감을 느낀단다. 하지만 어떤 사람들은 하나님이 사람들을 죽게 하거나 살게 하거나 하는 분이 아니라고 믿는다. 그들은 하나님이 우리가 아주 힘든 일을 겪을 때 우리와 함께 있어 주시고 도와주신다고 믿는단다. 너는 어떻게 생각하니?

Q 저는 샘이 천국에서 하나님과 함께 있고, 그들이 저를 지켜보고 있다고 생각해요. 하나님이 천국에서 샘을 도와주고 있을까요?

좋은 질문이구나. 하나님이 천국에서 샘을 잘 돌봐 주고 있다고 생각하면 네 마음도 한결 편안해질 것이라고 생각한다. 이런 것들을 상상해 볼 수도 있겠다. 가령 천국에서 하나님이 샘에게 약을 주시고 동생의 건강을 지켜 주시는 모습 말이다. 하나님과 샘이 함께하는 모습을 그림으로 그려 보거나, 기도문을 만들어서 읽어 보거나,

혹은 촛불을 밝혀 보는 일 또한 네 마음을 편안하게 할 거라고 본다.

어른들은 항상 하나님과 죽음 그리고 샘이 죽은 후에 무슨 일이 일어났는지에 대한 너의 질문에 모든 답변을 줄 수는 없어. 때로는 삶과 죽음은 신비스러운 일이기도 하단다. 그리고 거기에는 우리가 상상할 수 있는 그 어떤 것들보다 더 큰 어떤 모습이 있을지도 모르는 거란다.

❋ 아담(11세)

Q 저는 하나님께 무척 화가 나요. 하나님이 싫어요. 아빠가 차에 치이신 것은 하나님 잘못이에요.

분노, 비난, 미움 그리고 사랑 등의 감정은 사랑하는 사람을 잃고 난 후에 대부분의 어린이들이 하나님께 느끼게 되는 감정들이란다. 그리고 네가 알아야 될 것은 그러한 감정을 느끼는 것은 지극히 정상적이고, 또 그래도 된다는 것이다. 때로는 하나님께 화가 날 때가 있단다. 나도 마찬가지란다. 때로는 사랑했던 사람이 죽음을 당했을 때 하나님은 어디에 계셨는지 의문을 느낄 때도 있단다. 하지만 어떨 때는 하나님이 그 슬픔을 극복하도록 도와주신 것에 대해서 감사하기도 한단다. 때로는 나의 모든 질문에 하나님께서 더 많은 대답을 해 주시기를 바라기도 하지만, 거기에는 그저 어느 누구도 알지 못하는 무언가가 있단다.

Q 심지어 저는 기도조차 할 수 없어요. 더 이상 하나님을 믿을 수가 없어요!

네가 그렇게 하나님께 화가 나서 더 이상 하나님을 믿을 수 없는 마음을 갖는 것은 충분히 이해가 된다. 때로 우리는 누군가의 죽음

이후에 큰 혼란에 빠지기도 한다. 그래서 누군가 혹은 어떤 것에게라도 비난하고 싶은 마음이 드는데, 바로 그 대상이 하나님이 될 수 있어. 너도 아마 그러한 감정이 얼마동안 지속될 거야. 하지만 그것도 괜찮다고 생각한다. 몇 주 혹은 몇 달 후에 네 생각이 바뀌게 될지도 몰라. 아마 죽음이라는 것이 그 어떤 누구의 잘못도 아니라는 것을 이해하게 될지도 모르겠다. 그저 그것은 어떤 누구도 바꿀 수 없는 끔찍한 사고였다고 말이다. 이러한 생각을 갖기 위해 조금 더 많은 시간이 필요하리라 본다.

Q 지금 한 가지 드는 생각이 있는데, 왜 하나님은 제 아빠를 죽여야만 하셨나요?

지금 당장에는 하나님께서 아빠의 생명을 구해 주지 않은 것에 대해 깊은 실망감을 가지고 있을 것이라고 생각한다. 그 질문에 대해 뭐라고 대답을 못해 주겠구나. 하지만 하나님에 대한 네 감정이 어떤지 함께 이야기해 보면 좋겠구나. 아빠에게 일어난 일에 대해서 무슨 감정을 가지고 있니? 하나님에 대한 너의 믿음이나 생각은 어떠니? 이러한 이야기를 하는 것이 조금이라도 네 감정을 이해하는 데에 도움이 될 거야.

✳ **아말리아(9세)**

Q 제 여동생이 죽은 이후에 하나님에 대해 더 알고 싶어졌어요. 하나님은 누구인가요? 다른 사람들은 무엇을 믿나요?

하나님에 대해 아주 많은 생각을 하는 것 같구나. 하나님은 특별한 힘을 가진, 초자연적인, 그리고 영적인 존재이거나 혹은 사랑 그 자체이기도 하다. 어떤 사람이 하나님에 대해서 어떻게 느낀다거나 이해한다거나 하는 것은 아주 개인적인 것이란다. 거기에는 좋은 방식이나 나쁜 방식이란 게 없단다. 어떤 사람들은 자신들이 하나님과 개인적인 관계를 가지고 있다고 믿기도 하고, 또 다른 사람들은 종교를 통해서 하나님과 더욱 가까워진다고 믿기도 한다. 또 어떤 사람들은 여전히 하나님의 존재에 대해서 믿지 않기도 한단다.

어떤 사람들은 우리가 죽을 때 우리의 영이나 우리의 일부가 – 그 것은 하나님께로부터 온 것인데 – 하나님께로 돌아간다고 믿는다. 또 어떤 사람들은 우리는 다른 모습으로, 가령 식물이나, 동물 혹은 다른 사람의 모습으로 이 땅에 다시 돌아온다고 믿는다. 어떤 사람들은 우리가 죽어서 땅에 묻히면 그것이 다른 식물과 동물을 자라게 하는 데에 도움을 준다고 믿기도 한단다.

생각을 정리하며

어린아이들의 믿음 체계를 존중해 주는 것은 참으로 중요하다. "누군가 죽은 이후에 무슨 일이 일어난다고 믿니?"라고 묻는 것은 아이들과의 대화를 열기 위한 하나의 좋은 질문이다. 어른들은 아이들이 무엇을 믿어야 되는지를 말해 주기보다는 아이들 자신만의 영적인 이해를 발견하도록 돕는 편이 낫다. 그러고 나면 아이들과의 대화는 많은 사람들이 각기 다른 믿음의 체계를 가지고 있다는 것을 받아들일 수 있도록 확장될 수 있다. 어느 누구도 하나님에 대해서 그리고 삶과 죽음의 의미에 대해서 모든 대답을 가지고 있지 않다는 것을 알게 하는 것도 괜찮은 일이다.

Chapter 4

죽은 사람은
어디로 가나요?

죽은 사람은
어디로 가나요?
천국은 무엇인가요?

　아이들은 자신들과 깊은 관계를 맺었던 사람이 죽은 이후에도 살아 있는 사람처럼 지속적으로 관계를 맺고 싶어 하는 경향이 있다. 그들은 자신들이 사랑했던 사람과 연결될 수 있다는 마음이 드는 장소를 찾고 싶어 한다. 어떤 아이들은 엄마 아빠가 흘러가는 산들바람 속에 있다거나, 하늘을 나는 나비로 형상화하기도 하고, 혹은 자신들의 꿈이나 환상 속에서 만날 수 있다고 생각한다. 또 다른 아이들은 돌아가신 엄마의 침대에서 낮잠을 자면서 위안과 의미를 찾기도 하고, 무덤을 찾아가거나, 아빠가 돌아가시게 된 장소를 찾기도 하고, 또는 돌아가신 할머니가 즐겨 앉았던 의자에 앉는 것으로 위안을 얻는다. 바로 이러한 장소들을 찾음으로써 아이들은 자신들의 아주 특별했던 사람과의 관계를 계속 유지시킨다는 면에서 마음의 안정을 얻게 되는 것이다.

한 연구에 의하면 상당수의 아이들이 자신이 사랑했던 사람이 천국에 갔다고 생각한다고 한다. 그들은 또한 자신들이 사랑했던 사람이 땅 속에 있다고 생각하기도 하고, 집으로 돌아오고 있는 중이라고 생각하기도 하고, 하나님과 천사들과 함께 지내고 있다고 생각하기도 한다. 만약 아이들이 천국에 대해서 질문을 한다면, 바로 그때가 그들이 장소에 대해서 생각하고 있다는 하나의 단서가 되는 것이다. 이때 그들에게 천국에 대해서 어떻게 생각하는지를 설명해 보라고 물어봄으로써 그들이 가지고 있는 생각과 믿음에 대해 들어 볼 수 있는 기회가 될 수 있다.

천국은 아이들이나 어른들도 세상을 떠난 친구들이나 친척들, 또는 애완동물들이 가게 된 장소라고 말하는 가장 보편적인 장소다. 심지어 유명한 노래 가사들도 천국에 대해 노래한다. 예를 들어 "천국에서 만나자", "천국은 너의 눈 안에 있다", "천국의 천사들" 등이 있다. 대부분의 종교들은 천국이라고 불리는 장소에 대해서 이야기한다. 그곳은 사람들이 하나님과 함께 있는 곳이고, 바로 이러한 모습을 그려 보는 것은 큰 위로를 줄 수 있다.

✳ 마르크(12세)

마르크가 12세일 때 그의 아빠는 비행기 사고로 돌아가셨다. 아빠가 살아 계실 때 마르크와 아빠는 모든 시간을 함께 운동하는 것으로 보냈다. 아빠는 마르크의 농구 팀 코치였다. 아빠가 돌아가신 후

마르크는 아빠를 생각하면서 운동을 더 많이 했다. 자신이 학교에서 최우수 선수상을 받았을 때에는 더없이 기뻤다. 그 커다란 금색 트로피에는 자신의 이름이 새겨 있었다. 하지만 마르크는 자신이 트로피를 받는 것을 지켜보셔야 할 아빠가 그 자리에 계시지 않는다는 것 때문에 더욱 더 아빠가 그리웠다.

"아빠는 어디에 계시는 거지요?" 마르크는 엄마에게 물었다. 엄마는 "나도 확신이 서지 않는구나. 때로는 새가 지저귀는 소리를 들을 때 아빠가 곁에 있다고 느껴지기도 한다. 아빠가 새들을 무척 좋아했거든. 때로는 무덤에 가서 아빠와 이야기를 나누기도 하지."라고 하였다. 마르크는 다음 날 묘지를 방문하리라 마음을 먹었다. 그리고 자신의 트로피를 아빠에게 보여 주기 위해 가지고 갔다. 무덤 가까이 앉아 자신이 트로피를 받았을 때의 시상식에 대해서 이야기를 했다. "아빠, 정말 굉장한 시간이었어요. 그렇지만 아빠가 많이 보고 싶었어요."

그리고 나서 아이는 오랜 시간 조용히 앉아 있었다. 마르크가 집에 도착했을 때 엄마에게 비로소 마음에 깊은 평안함을 느끼게 되었다고 말했다. 그리고 그 시간은 마치 아빠가 돌아가시고 난 후에 실제로 자신과 함께 있다는 것을 처음으로 느낀 시간이었다. 하지만 그는 이렇게 느끼는 자신의 마음이 이상한 것인지 궁금했다.

Q 무덤에 실제로 아빠가 있다고 느끼는 게 괜찮은 건가요?

그럼, 그래도 괜찮단다. 아빠 무덤이 너에게는 의미 있는 장소처럼 보이는구나. 어떤 면에서는 아빠가 묻혀 있는 묘지가 아빠와 함께 있다고 느낄 수 있는 너만의 장소가 될 수도 있단다. 어떤 아이들은 너처럼 묘지를 찾아가거나, 할머니가 즐겨 앉았던 의자에 앉아 보거나,

혹은 엄마의 침대에서 낮잠을 자는 것으로 돌아가신 분과 함께 있다고 느끼기도 하지. 또 다른 아이들은 네가 했던 방법처럼 대화를 하기도 하고, 특별한 사진이나 꽃을 남겨 두고 오기도 한단다. 아빠의 무덤 곁에 앉아서 네가 받은 트로피와 시상식에 대해 이야기 나누는 것으로 아주 행복한 시간을 보냈겠구나. 참 잘했다.

Q 아빠의 무덤이 평화로워 보이기는 하지만, 저는 아직도 아빠가 돌아가셨다는 것을 믿을 수가 없어요. 저는 아빠에게 작별인사도 제대로 하지 못했어요. 아빠가 돌아가셨던 그 부근에 가 봐도 될까요?

네가 왜 비행기 사고가 났던 그 장소에 가고 싶어 하는지 충분히 이해가 되는구나. 그러한 장소들이 개인적이고도 중요한 의미를 가질 수 있단다. 네가 충분히 그곳에 갈 준비가 되어 있을 때 엄마나 내게 말하다오. 네가 작별인사도 제대로 하지 못했다는 것이 너를 더 힘들게 할 수도 있어. 특별히 집을 떠나 낯선 곳에서 갑작스러운 죽음을 당하게 된 경우에는 더욱 그렇단다. 뭔가 아빠를 위한 특별한 것을 준비해 가서, 그 사고에 대한 자세한 경위를 다시 추적해 보는 거야. 그렇게 아빠가 돌아가셨던 바로 그 장소에 있어 봄으로써 아빠가 함께 있다는 마음을 느끼고 작별인사를 할 수 있는 아주 특별한 순간을 맞이할 수 있을 거라고 생각한다. 아마도 그렇게 돌아가신 자리를 찾아가 보는 것은 아빠의 죽음을 더 현실적으로 느끼게 만들 거라고 생각한다. 아빠에게 작별 인사하는 편지를 써 보는 것도 좋을 것 같구나.

✳ **샐리(6세)**

Q 제니 이모가 엄마는 아주 먼 여행을 떠나셨다고 했어요. 왜 엄마가 그 여행에 저를 데려가지 않았을까요? 그런데 엄마가 암으로 돌아가셨다면 어떻게 그 긴 여행을 떠날 수가 있는 거지요?

샐리야, 너의 이모 제니는 엄마가 아주 먼 여행을 떠났다고 이야기했고, 아빠는 엄마가 암이라는 질병으로 돌아가셨다고 설명했다는 것을 안다. 이모는 네가 아직은 어려서 엄마가 아파서 돌아가셨다는 진실을 이해하지 못할 것이라고 생각하셨을지도 몰라. 네가 두 가지 다른 대답을 듣고, 어떤 것을 믿어야 할지 몰라서 매우 혼란스러워하고 있다는 것을 안다.

아마도 제니 이모는 엄마가 긴 여행을 떠났다고 말하는 것이 네 마음을 더 편안하게 해 줄 수 있을 것이라고 생각했던 것 같구나. 그렇지만 이모가 그렇게 말함으로써 네게 더 궁금증을 자아낼 것이라는 점은 미처 생각하지 못하신 것 같다. 사실 엄마는 긴 여행을 떠난 것이 아니란다. 그래서 너와 함께 갈 수 없었던 거란다. 엄마는 암 때문에 돌아가셨어. 이것이 진실이란다.

Q 엄마는 병원에서 돌아가셨어요. 저는 매우 슬퍼요. 항상 엄마를 기다리고 있어요. 엄마는 이제 하늘을 날아다니는 나비가 된 건가요? 엄마가 제게 인사하는 건가요?

참 좋은 질문이구나. 너는 어떻게 생각하니?

Q 나비를 볼 때마다 저는 엄마가 제게 인사를 하고 있다는 생각이 들어요. 그렇게 생각해도 되나요?

그럼, 그렇고말고. 많은 어른들과 아이들은 사랑했던 사람이 어떤 방식으로든 그들과 함께하고 있다고 믿는단다. 그것이 새가 될 수도 있고, 심지어는 스쳐 지나가는 산들바람일 수도 있단다. 누구도 그것에 대한 답을 알지 못한단다. 네가 그렇게 생각하는 것이 엄마를 기억하는 아주 좋은 방법이라는 생각이 드는구나. 엄마를 기억하기 위해 나비 모양의 목걸이를 하는 것은 어떻겠니? 그렇게 하면 엄마가 매 순간 너와 함께하고 있다고 느낄 수도 있을 것이라 생각한다.

Q 엄마가 저와 함께 하고 계시다면, 엄마가 항상 저를 지켜보고 계시는 건가요? 아주 혼란스러워요.

엄마가 너를 지켜보고 계시다는 것의 의미는 엄마의 사랑과 돌봄이 너와 항상 함께한다고 느끼는 것이다. 이것은 엄마가 매일 매 순간 네가 하는 모든 말과 행동을 보고 계시다는 의미는 아니란다.

조이가 일곱 살 때 그의 형 알렉스는 집에 불이 나서 죽었다. 형의 갑작스럽고도 충격적인 죽음은 조이에게 많은 질문을 남겼다. "형이 고통당했을까요? 형은 당시에 무슨 일이 일어났는지 알고 있었을까요? 왜 불이 난 거지요?" 그리고 그 중에 가장 절박한 질문은 형이 천국에 갔는가에 대한 것이다. 조이는 궁금하다. "어떻게 형이 천국까지 혼자서 갈 수 있었나요? 하나님이 형을 기다리고 있었나요? 의사 선생님의 도움이 필요하지 않았을까요?"

Q 제 생각에는 형이 천국에 있는 것 같아요. 천국은 어떠한 모습을 하고 있나요?

천국이 어떤 곳이라고 생각하니? 나는 우리 모두 각자가 그리는 천국의 모습이 있다고 확신한단다. 우리 한번 각자가 생각하는 천국에 대해서 그림을 그려 보고 이야기를 나눠 보면 어떻겠니? 그곳에 사는 사람들이나 거기에 있을 만한 것들, 그리고 동물들 등을 그려 보고 그들이 무엇을 하고 있는지도 그려 보자.

Q 좋아요. 제 생각에는 천국에는 모두가 친구들이 있을 것 같아요. 거기에는 특별한 사람들만 살 수 있는 금빛 궁전이 있을 거예요. 알렉스 형은 커피를 아주 좋아했어요. 그곳에도 커피숍이 있을까요?

아마도 있을 게다. 그 어느 누구도 천국이 어떠하다고 정확하게 알 수는 없단다. 우리가 사랑하고 돌보던 사람이 천국처럼 좋은 곳에서 편안히 지내고 있다는 것을 상상하는 것은 참 좋은 일이야. 우리는 그들이 즐거운 시간을 보내고 있고, 좋아하던 모든 것을 하고 있다고 생각해 볼 수 있단다.

Q 형은 피자와 축구하는 것을 좋아했어요. 천국에서도 형이 축구를 하고 있을까요?

물론 그럴 수 있단다. 나는 네 형이 운동장을 달리며 결승골을 넣었을 때 천사들이 그에게 커다란 피자를 상으로 주는 것을 상상해 본다. 알렉스와 축구를 하면서 피자를 먹었던 때를 기억해 볼 수 있겠니? 한번 말해 볼래?

Q 알렉스는 저희 축구팀을 지도해 주었어요. 그리고 경기가 끝나고 나면 언제나 피자를 먹었어요. 다음 경기에는 형이 입었던 운동복을 입고 나갈까 생각해 봤어요. 그래도 될까요?

아주 좋은 생각이다. 나도 너의 그 모습을 보면 좋겠구나. 그렇게 함으로써 우리가 함께 알렉스를 추억할 수 있을 게다. 아마도 형은 천국에서 자신의 운동복을 입고 있을 게다.

Q 형이 많이 걱정이 돼요. 저는 요즘 악몽을 꿔요. 잠을 이룰 수가 없어요. 꿈에서 집이 불타는 모습이 계속 나와요. 만일 형이 너무 많이 다친 상태에서 죽었다면, 그가 어떻게 천국에 도착할 수 있었을까요?

조이야, 네가 그동안 잠을 이루기 힘들었고 악몽에 시달리다 깨어나곤 했다는 것을 안다. 너의 마음속에서 계속해서 집이 불타오르는 장면을 본다는 것도 안다. 아이들은 그들이 사랑하는 사람이 아주 끔찍하게 죽게 되었을 때 종종 아주 좋지 않은 꿈을 꾸게 된다. 이러한 것들은 지극히 정상적인 일이란다. 너의 꿈이 어떻게 끝나게 되면 좋을지 내게 한번 말해 보면 좋겠다. 알렉스가 어떻게 천국에 올라갈지에 대해 좋은 방법을 한번 생각해 볼 수 있겠니?

Q 대장이 되신 하나님이 아주 커다란 소방차를 타고 알렉스를 구름 속으로 끌어올려서 천국에 있는 알렉스 구출 의료 센터에 데려다 주시는 것을 생각해 봐요. 의사 선생님들과 간호사들이 붕대로 감싸주고, 약을 주고, 형이 제일 좋아하는 사탕과자와 감자 칩을 주셨을 거예요. 하나님이 지금도 알렉스를 잘 돌봐 주고 계실까요?

천국을 아주 특별한 장소로 생각하는구나. 너는 형을 많이 사랑했고 형이 아주 좋은 사람이라고 말했다. 내가 보기에 하나님께서 분명 너의 형을 아주 잘 돌보고 계실 거라고 생각한다.

Q 저는 천국에서 하나님이 형을 안아 주고 계실 거라고 생각해요. 형은 행복한 웃음을 짓고 있고 필요한 모든 약을 가지고 있다고 생각해요.

하나님과 알렉스가 서로 안아 주고 있는 모습을 그려 보는 것이 네 마음을 편안하게 하는 데에 큰 도움이 될 거라 믿는다. 그렇게 함으로써 그가 돌봄을 아주 잘 받고 있다고 느낄 것이다. 또한 알렉스가 필요한 모든 약을 가지고 있고 건강하게 지내고 있다는 것을 상상하는 것도 좋구나. 이러한 방법으로 너는 더 이상 형이 고통당하고 있다고 걱정할 필요가 없을 것이다.

Q 하지만 가끔은 형이 천국에서 외로워할까 봐 걱정이 돼요. 형에게 친구가 있었으면 좋겠어요. 전에 저희가 키우던 맥스웰이라는 강아지가 있었는데 죽었어요. 맥스웰이 형의 친구가 될 수 있을까요?

　나도 잘 모르겠구나. 나도 그럴 수 있기를 바란다. 어떤 사람들은 우리가 천국에 갈 때 거기에는 많은 사람들과 동물들이 있어서 우리를 맞이한다고 믿고 있다. 모든 이가 아주 좋아 보이고 행복하고 서로 재미있게 지낸다고 생각한다. 또 다른 사람들은 천국은 천사들로 가득하다고 믿는단다. 하지만 어떤 이들은 여전히 천국이란 우리의 마음속에서 느끼는 행복한 장소라고 생각한단다. 천국에 대해서 생각할 수 있는 가장 좋은 것은 그 어떤 생각이 옳은 것도 잘못된 것도 없다고 생각하는 것이다. 천국은 네가 상상하는 그 어떤 곳도 될 수 있다고 믿는다. 너는 천국이 어떤 곳이라고 상상하고 있니?

생각을 정리하며

사랑했던 사람을 다시 보고 싶다는 희망과 그와 연결될 수 있는 어떤 장소를 찾고 싶어 하는 것을 표현하는 것은 아주 자연스러운 일이다. 그 장소가 묘지가 됐든 아니면 돌아가신 아버지의 사무실이 됐든 말이다. 또한 많은 어린이들은 그러한 장소로 천국을 생각한다. 이것은 엄마나 아빠가 천사들, 또는 먼저 돌아가신 친구들이나 친척들에 둘러싸여서 뭔가 즐거운 일을 하고 있다고 그려 봄으로써 마음에 안정을 얻는 데에 도움을 준다. 천국에서 그들은 좋아하는 피자를 먹고, 춤을 추고, 낚시를 즐기고 있을지도 모른다. 때로는 아이들에게 천국에 대한 그림을 그린다든지 천국에 대한 이야기를 하게 하는 것이 도움이 될 수 있다. 만일 아이들이 돌아가신 분들이 머물고 있는 장소에 대해서 긍정적인 상상을 할 수 있다면, 그들이 더욱 편안함을 느끼고 안정감을 느끼는 데에 도움이 될 것이다.

Chapter 5

엄마가
죽어가고
있어요

．
．
．

엄마가
죽어 가고 있어요.
제가 할 수 있는 게
뭐지요?

만일 가족 중 누군가가 매우 아픈 병에 걸렸다면, 아이들에게 자신들이 가족의 한 일원으로서 배제당하지 않고 있음을 느끼게 해 주는 것이 매우 중요하다. 누군가 질병을 앓고 있을 때 아이들이 도와줄 수 있는 많은 일이 있다는 것을 상기시키는 것은 그들이 참여할 수 있는 공간을 마련해 줄 수 있다. 사랑하는 사람이 회복될 수 없는 질병에 걸렸다면 앞으로의 일을 준비시키는 것 또한 큰 도움이 될 수 있다. 그럴 때 아이들은 그들의 감정을 나눌 수 있고, 질문도 할 수 있고, 또한 이 힘든 시기를 극복해 나가기 위한 계획에 동참할 수 있다.

✳ 소피(8세)

　여덟 살 소피는 엄마가 폐암에 걸렸다는 이야기를 들었다. 그 병은 이미 엄마의 몸에 두루 퍼졌고, 더 이상 화학요법도 소용이 없었다. 엄마는 소피에게 자신이 아주 많이 아프고 의사들이 더 이상 몸이 회복되지 못할 것이라고 말했다고 설명했다. "의사 선생님들은 내가 얼마나 더 살지에 대한 확신이 없단다. 사실 아무도 정확히 모른단다. 그들은 엄마가 지금 너무 아프기 때문에 죽을 수 있다고 말한단다."

　엄마는 소피를 위한 편지를 써 놓았다. 몇 년 동안 딸의 생일마다 받을 수 있게 추억과 사진들 그리고 중요한 "엄마의 충고"를 담았다. 엄마는 첫 번째 편지를 딸의 아홉 살 생일에 주었고, 다음 편지는 돌아올 열 살 생일에 받을 것이라고 상기시켜 주었다.

　소피는 "내가 가장 좋아하는 사람 : 별처럼 빛나는 나의 엄마"라는 제목을 붙인 엄마와의 비디오 인터뷰를 제작하였다. 소피는 엄마가 대답할 수 있도록 질문 목록을 만들어서 모든 것을 녹화하였다. 그 질문은 엄마의 어린 시절부터 소피가 아기였을 때의 추억과 엄마가 가장 좋아하는 색깔이나 음식에 관한 것이었다. 엄마와 소피는 함께 그것을 만들면서 아주 즐거운 시간을 보냈다.

　아무도 엄마가 얼마나 더 살지 알지 못했다. 하지만 소피는 자신이 엄마를 돕기 위해 할 수 있는 모든 일을 하고 싶었다는 것을 알고 있었다.

Q 너무 슬퍼요. 저는 엄마를 사랑하는데, 엄마는 죽어 가고 있어요. 엄마를 돕고 싶어요. 제가 할 수 있는 일이 뭐가 있을까요?

소피야, 엄마가 죽어 간다고 생각하는 것은 매우 슬픈 일이다. 지금은 엄마가 옆에 계시니 네가 엄마의 기분이 좋아지도록 도울 수 있는 것이 많이 있단다. 엄마가 가장 좋아하는 쿠키를 구울 수 있고, 엄마와 함께 기도할 수도 있고, 약 먹는 것을 도울 수도 있고, 좋아하는 이야기나 재미있는 이야기도 해 드릴 수 있단다. 또한 그저 엄마 곁에 앉아서 조용히 손을 잡아 드리는 것도 좋단다. 이것은 엄마가 아픈 기분이 들거나 힘들어하실 때 엄마를 편안하게 해 드리는 좋은 방법이 될 수 있다. 네가 해 드리고 싶은 다른 특별한 것이 있니?

Q 엄마에게 뭔가 특별한 제 것을 드리고 싶어요. 제 시디 플레이어가 있는데, 그것을 드려도 될까요?

엄마가 무척 좋아하실 거라 생각한다. 다음번에 올 때 한번 가져와 보겠니? 우리가 함께 가게에 가서 특별한 포장지와 리본을 구입해서 포장하고, 그 안에 네가 쓴 쪽지를 넣어 드리면 좋겠구나. 엄마 침대 바로 옆에 올려놓아 드리고 싶다고 말씀드려도 좋겠다. 그러면 엄마가 음악을 들으시면서 너를 생각할 수 있을 게다.

Q 아직도 엄마랑 제가 뭔가를 함께 할 수 있을까요?

그럼! 아직도 많은 것들을 엄마와 함께 할 수 있단다. 엄마와 네가 서로 많이 사랑하고, 뭔가 함께 하고 싶다는 이야기를 하는 것은 서로에게 좋은 기분이 들게 할 수 있단다. 엄마와 함께 저녁을 먹는다든가, 영화를 함께 보거나, 좋아하는 놀이를 함께 하거나, 또는 노래를 부르는 것도 좋다고 생각한다. 이러한 일이 끝나고 엄마께 잘

놀았다고 인사할 때에 네가 얼마나 엄마를 사랑하는지 말하고 깊은 포옹을 해 드리는 것도 좋으리라 생각한다. 엄마가 무척 좋아하실 거야.

✳ 라피(6세)

Q 엄마는 할아버지가 곧 돌아가실 거라고 하셨어요. 그 말을 들으니 너무 슬퍼요. 정말 할아버지는 돌아가시나요?

할아버지는 아주 편찮으시단다. 나이도 많이 드셨고. 며칠 전에 심장마비를 일으키셨단다. 의사 선생님들과 간호사들이 할아버지가 회복되도록 돕고 있지만, 그래도 지금 상태가 너무 좋지 않단다. 사람이 언제 죽게 되는지는 아무도 모른단다. 그렇지만 의사 선생님들은 할아버지의 상태가 아주 심각하고 곧 돌아가시게 될 수도 있다고 하신다. 그렇지만 그들도 언제 할아버지가 돌아가시게 될지는 아직 모른단다.

Q 제가 도울 수 있는 일이 있을까요?

할아버지는 지금도 너를 많이 사랑하고 계신단다. 그리고 너도 할아버지를 사랑하고 있다는 걸 안다. 할아버지를 위해 그림을 그려 드리는 것도 좋고, 기도를 해 드리고, 또는 네가 괜찮다면 할아버지가 계신 곳을 한번 방문해 보는 것도 좋겠구나.

Q 할아버지를 위해 큰 하트를 만들 거예요. 그리고 그 밑에는 "할아버지 사랑해요"라는 글을 써 놓을 거예요. 할아버지를 다시 만나 뵐 수 있을까요? 지금은 어디에 계신가요?

그래, 네가 원한다면 할아버지를 만날 수 있단다. 네가 만든 큰 하

트를 가져가면 좋을 것 같다. 할아버지는 지금 한 호스피스 병원에
계신단다.

Q 호스피스가 뭔가요?

호스피스는 할아버지를 도와주는 분들이 계신 곳이란다. 그분들
은 아주 많이 편찮으시거나 더 이상 회복될 수 없는 분들을 돕고 있
단다. 할아버지가 가장 편안한 마음으로 남은 시간을 보내실 수 있
도록 돕는 것이란다.

그분들 중에는 의사 선생님, 간호사 선생님도 계시고, 건강을 돌
봐 주는 다른 분들도 계신단다. 그분들이 약도 드리고, 고통을 느끼
지 않고, 편안한 마음이 들도록 돕는단다. 또 다른 분들은 자원봉사
하시는 분들인데, 이분들은 할아버지의 이야기를 들어 드리고, 함께
이야기 나누기도 하면서 할아버지와 친구가 되어 준단다. 그 밖에도
사회복지사는 할아버지의 가족이나 친구들을 위한 여러 가지 질문
에 답을 주면서 할아버지에 대한 이야기를 나누는 것을 돕는단다. 그
곳에는 심지어 호스피스 애완용 강아지도 있단다.

Q 할아버지께 작별인사를 드려도 되나요?

그럼, 그렇게 하는 것이 너와 할아버지 모두를 위해서 좋을 것 같
구나. 네가 보고 듣게 될 것들에 대해서 미리 준비하도록 내가 돕고
싶구나. 할아버지는 아마도 예전에 네가 보았던 모습이 아닐 거다.
예전보다 더 여위셨을 거야. 너와 이야기를 나누는 것도 조금 힘드실
지도 모른다. 하지만 네가 와 있다는 것은 알고 계실게다. 할아버지
를 만져 보거나 뽀뽀를 해 드리고, 네가 얼마나 할아버지를 사랑하는
지 이야기해도 좋단다. 물론 네가 가져간 선물을 드려도 좋고. 오래

머물지 않아도 괜찮고, 언제라도 편할 때 병실을 나와도 괜찮단다.

할아버지는 지금 몸이 많이 약한 상태고 심지어는 너무 아파서 소리치실 수도 있단다. 팔에 주사를 맞고 계실 수도 있어. 그렇지만 그런 것들 때문에 두려워할 필요는 없단다. 할아버지는 여전히 너의 할아버지야. 너도 할아버지를 사랑하고, 할아버지도 너를 사랑하신단다. 네가 원한다면 할아버지를 포옹해 드리는 것도 괜찮단다. 또 궁금한 것이 있니?

Q 제가 만든 하트와 함께 꽃을 가지고 가도 될까요?

물론이지. 할아버지가 가장 좋아하는 색깔의 꽃을 골라 보는 것도 좋겠구나. 이렇게 뭔가 특별한 것을 할아버지께 드리는 것도 참 좋겠구나.

Q 할아버지께 다녀왔어요. 할아버지 침대 곁에 앉아서 손을 잡아 드렸어요. 할아버지가 제게 미소를 지으셨고, 저도 미소 지어 드렸어요. 그리고 할아버지의 손을 꼭 잡고 "할아버지, 사랑해요."라고 말했어요. 그러고는 나왔어요. 괜찮았겠지요?

아주 잘했다. 할아버지와 함께 있으면서 작별인사도 하고 특별한 선물도 드렸으니 할아버지도 좋아하셨을 게다. 앞으로 할아버지에 관해서 물어보고 싶은 게 있으면 언제라도 내게 오너라.

✳ **자렛(12세)**

자렛은 아담 삼촌을 좋아했다. 둘은 밖에서 서로 어울리며 극장도 함께 가고, 아이스크림도 사 먹고, 공원에서 스케이트보드도 함께 타고 놀았다. 그런데 삼촌이 병에 걸리게 되었다. 엄마와 아빠는 자렛에게 삼촌의 상태에 대해서 은밀히 이야기하였고, 그가 이해한 말은 에이즈라는 말과 가망이 없다는 말과 같은 몇 단어들뿐이었다. 그는 이러한 말이 무엇을 의미하는지 알 수 없었지만, 그저 부모님들이 무척 걱정하고 있다는 것을 알 수 있었다. 삼촌은 몸무게가 줄기 시작했고, 잠자는 시간이 늘어나고, 전혀 움직일 수 없었다. 그는 예전과는 전혀 다른 모습으로 변하였다.

Q 삼촌에게 무슨 일이 일어난 거지요? 혹시 제 잘못인가요?

너의 부모님이 삼촌에 대해서 이야기해 주었다. 그리고 너의 엄마 아빠가 삼촌을 얼마나 염려하고 있는지, 또 왜 그가 그렇게 아픈지에 대해서도 말이다. 삼촌은 에이즈에 걸렸단다. 에이즈는 아주 심각한 병이란다. 그렇지만 어린아이들에게는 이해하기 힘든 병이란다. 삼촌이 힘들어 보이거나 화를 낸다든가 또는 슬퍼하거나 흥분되어 있을 때는 이게 바로 에이즈 증상의 일부분이란다. 이건 전혀 너의 잘못이 아니란다. 그는 지금 아주 심각한 상태고, 아마도 오래 살지는 못할 것 같구나.

에이즈(AIDS)란 후천성 면역 결핍증(Acquired Immune Deficiency Syndrome)이라고 한다. HIV라는 희귀한 바이러스가 건강한 세포들을 약하게 만들거나, 면역체계의 이상으로 에이즈를 일으키게도 한다. 면역체계는 우리 몸을 건강하게 유지시켜 주는데, 그것이 우리의 몸을 지켜 주지 못하게 될 때, 감염이 되거나 암에 걸리는 거란다. 사람들은 에이즈에 걸리고도 오랜 시간 살 수도 있단다. 약과 치료를 통해서 병균을 죽이고, 감염이 되는 것을 막고, 바이러스와 싸우는 것을 도울 수 있단다. 이러한 일들이 바로 너의 삼촌에게 일어나고 있는 것이란다.

Q 왜 감추려고 하나요?

에이즈에 걸린 사람들은 때로 사람들 대하기를 부끄러워하거나 창피해한단다. 그리고 그들은 어떤 특정한 사람이나 그룹만이 에이즈에 걸리는 것이라고 생각하면서 그 사실을 숨기려고 한단다. 그렇지만 그건 사실이 아니란다. 누구라도 에이즈에 걸릴 수가 있단다. 부자일 수도 있고, 가난한 사람일 수도 있고, 백인이거나 흑인일 수도 있고, 동양인이거나 라틴아메리카 사람일 수도 있고, 젊은 사람이거나 나이든 사람일 수도 있단다. 에이즈에 걸린 사람들에게 수치와 불명예가 뒤따르게 되는 것은 사실이란다. 그렇지만 그 사람 자체 때문에 병이 걸리는 것은 아니란다. 그들은 감염된 피에 접촉되거나 에이즈가 걸린 사람과 성관계를 갖는 것으로 에이즈에 걸리게 되는 거란다.

Q 저도 에이즈에 걸릴 수가 있나요?

물론 네가 감기에 걸리는 것처럼 에이즈도 걸릴 수 있단다. 하지만 다른 사람하고 밥을 같이 먹는다든가, 기침이나 콧물로, 또는 수영이나 다른 운동을 하거나, 화장실 변기에 앉거나 손을 대는 것 등 때문에 에이즈에 걸리는 것은 아니란다. 에이즈는 성병의 일종이라고 말할 수 있고 다른 사람의 감염된 피와 접촉되었을 때 걸릴 수도 있는 거란다.

Q 말기(Terminal)라는 말의 의미가 무엇인가요?

말기란 의사 선생님들이 그 환자가 죽게 될 것이라고 생각하는 단계를 말한다. 언제 죽게 될지는 아무도 모른다. 하지만 말기라는 말은 환자가 매우 심각한 상태라는 것이다. 그게 바로 의사 선생님들이 네 삼촌에 대해서 말한 상태와도 같은 것이란다. 삼촌의 병은 매우 심각한 상태이고, 네가 앞으로 삼촌과 함께 보낼 수 있는 시간은 아주 소중한 시간이란다.

생각을 정리하며

아이들은 가족 중 누군가의 병에 대한 은밀한 이야기를 엿듣고, 사실을 알게 되기보다는 그들이 들은 이야기가 무엇인지, 또는 앞으로 무슨 일이 일어나게 될 것인지 상상을 하는 경우가 너무 많다. 어른들은 아이들에게 뭐라고 이야기해야 할지 모를 뿐 아니라 사실대로 이야기하는 것이 부적절하다고 생각하기 때문에 이렇게 힘든 대화를 미리 차단하려 할 수도 있다. 하지만 이것은 아이들에게 고립감만 들게 하고, 자신들의 가정에 무슨 일이 일어나고 있는지 계속해서 궁금증을 더 자아내게 할 뿐이다. 그 병이 무엇인지를 설명해 주고, 아이들이 어떤 도움을 줄 수 있을지 말해 주는 것, 그리고 호스피스나 말기 등 어려운 단어들을 설명해 주는 것은 아이들이 앞으로 일어날 상황을 어떻게 대처할지 준비할 수 있게 도와주고, 그들이 바로 현 시점에 함께 동참할 수 있는 기회를 준다.

Chapter 6

저는
심각한 병에
걸렸어요

...

저는 심각한 병에 걸렸어요. 죽음에 대해 누구랑 이야기 나눌 수 있을까요?

심각한 병에 걸린 아이들은 특별한 질문을 많이 가지고 있다. 그들은 자신의 삶과 죽음에 대해서 자유롭게 이야기할 대화 상대가 필요하다. 때로는 이러한 아이들에게 앞으로 일어날 일에 대해서 이야기하는 것은 참으로 힘든 일이다. 그뿐 아니라 그러한 말을 꺼내야 되는 바로 그 상황에 처하는 자체만으로도 힘든 일이다. 하지만 이이야기를 자유롭게 하지 못하는 것이 오히려 치명적인 병에 걸린 아이들에게 고립감과 소외감을 느끼게 할 수 있다. 그들과 함께 있어주며 그 어떤 이야기와 질문이라도 들어 줄 수 있는 어른들이 있다면 그들에게 큰 도움이 된다. 그들은 아이들과 마음 터놓고 이야기하면서 인생이란 무엇인지 혹은 의학적 치료 방법과 심지어는 죽음에 관한 이야기 등 아이들의 미래와 선택에 관해 도움을 줄 수 있다.

✳ 에밀리(10세)

에밀리는 열 살이다. 백혈병에 걸렸고, 4년 동안 병을 앓고 있다. 에밀리의 종양학 담당의사 마틴 박사는 세 차례의 화학요법을 시도하였다. 그의 견해는 지금으로서는 더 이상의 방법이 없다는 것이다.

마틴 박사는 에밀리와 그 가족들에게 아이의 상태가 얼마나 심각한지에 대해서 말했고, 상태가 좋아질지 확신할 수 없다고 했다. 그는 에밀리가 얼마나 오래 살 수 있을지에 대해서도 모른다고 한다. 에밀리의 동생인 맥스와 에이미 역시 걱정이 이만저만이 아니다. 그들에게도 역시 힘든 시간이다. 그들은 에이미를 무척 사랑하고 그녀를 돕고 싶어 한다. 하지만 때로는 다른 사람들이 자신들에게 아무런 관심이 없고 오로지 에밀리에 대한 걱정만 하는 것에 대해 질투심을 갖기도 한다.

에밀리 엄마와 아빠는 하루 종일 울기만 한다. 이것이 에밀리를 더욱 힘들게 한다. 에밀리는 부모님들을 행복하게 해 드리고 싶다. 그러면서도 에밀리는 외로움을 느낀다. 왜냐하면 그 누구도 죽어 가는 것이 무엇인지 말해 주기 않기 때문이다. 그래서 아이의 마음속에 '내게 죽음에 대해 이야기해 줄 사람이 없나요?'라는 생각이 간절하다.

Q 몸에 악성종양을 지닌 채 살아간다는 것은 참 힘든 일이에요. 더군다나 제가 곧 죽게 될 것을 알고 있는 것은 더더욱 저를 힘들게 해요. 저와 함께 죽음에 대해서 이야기 나눌 수 있을까요?

에밀리야, 네가 오랫동안 병을 앓아 왔다는 것을 나도 알고 있단다. 너와 네 가족들 그리고 마틴 박사님이 그동안 너의 건강회복을 위해서 부단히 노력해 왔어. 그런데 지금으로서는 의사 선생님들도 더 이상 어떻게 할 도리가 없다고 하는구나. 그래, 내가 너와 함께 죽음에 대한 이야기를 나눌 수 있을 것 같구나. 나를 믿고 이런 이야기를 꺼낸 것에 대해서 기쁘게 생각한다. 어떤 것을 구체적으로 이야기하고 싶니?

Q 아무도 저와는 죽음에 대해서 이야기하고 싶어 하지 않아요. 특별히 엄마와 아빠는 더 그렇고요. 부모님은 그저 울기만 하세요. 제가 어떻게 부모님의 마음을 편안하게 해 드릴 수 있을까요?

부모님이 슬퍼하는 모습을 지켜보는 것이 얼마나 힘든 일인지 잘 안다. 그들은 너를 무척 사랑한단다. 네가 부모님을 어떻게 기쁘게 해 드릴까 생각하는 것이 참으로 그분들에게 기쁨이 될 거야. 뭔가 생각해 본 게 있니?

Q 네. 저희 부모님은 제가 춤추는 모습을 지켜보는 것을 참 좋아하세요. 부모님이 저를 천국에서 춤을 추는 아주 아름다운 발레리나로 기억하시기를 바란답니다. 이렇게 하는 것이 부모님의 마음을 편안하게 해 드릴 수 있을까요?

그래, 그렇게 생각한다. 그럼 네가 가장 좋아하는 발레복을 입고서 춤을 추는 모습을 사진에 담아 보면 어떻겠니? 그러고 나서 그 사진을 엄마와 아빠에게 선물로 드리면 좋겠구나. 그리고 사진에 잘 맞는 아름다운 액자를 한번 골라 보는 것도 좋겠구나.

Q 동생 맥스는 제가 아픈 것 때문에 화가 많이 났어요. 동생은 부모님이 자신에게 관심을 보여 주시기를 원해요. 제가 어떻게 해야 할까요?

어른들이 너와 네 병에 관심이 많기 때문에 때로는 다른 형제들이 소외감을 느끼기도 한단다. 사람들이 다른 형제들에게는 어떻게 지내는지 묻지 않을 수도 있고, 오직 네 건강에 관련된 것만 물어볼 수도 있다. 그런 것들 때문에 그들의 감정이 상할 수도 있는 것이란다. 게다가 네가 아프기 때문에 많은 선물을 받았지만, 동생들은 아무것도 받지 못했잖니. 먼저 네가 맥스가 화가 난 것을 이해해 주는 것이 좋겠구나.

동생들이 네게 특별한 존재라는 마음이 들게 해 주면 좋겠구나. 그들이 너를 위해 해 주었던 도움을 얼마나 고마워하는지를 알게 하면 좋겠고, 그들이 어떻게 지내는지도 물어봐 주면 좋을 것 같다. 또한 네가 받은 선물 중에 몇 가지를 맥스에게 줄 수도 있고, 아니면 어떤 것을 주면 좋을지 맥스에게 직접 물어봐도 좋겠다. 네 병 때문에 온 가족들이 어떤 영향을 받게 되었는지, 그리고 엄마, 아빠, 동생들이 어떤 마음을 갖고 있는지 알게 된 것은 네게 좋은 일이라고 생각한다.

Q 때로는 제가 언제 어디서 죽게 될지 궁금해요.

그 어느 누구도 자신이 언제 죽게 될지는 모른단다. 하지만 우리가 어디서 죽었으면 좋을지에 대해서는 자기 자신이 계획할 수 있단다. 죽음의 장소로 네가 선택할 수 있는 곳이 여러 군데 있단다. 먼저 병원이야. 의사 선생님과 간호사 선생님들이 너를 잘 돌봐 줄 수 있고 너를 사랑하는 여러 사람들이 방문할 수도 있단다. 또 다른 장소는 집인데, 좋아하는 방이나 침대, 창문 가까운 위치 등을 네가 선택할 수 있고, 도움을 줄 수 있는 사람들이나 방문객들이 너와 함께 있을 수 있단다.

Q 선택할 수 있다면, 저는 집에서 죽음을 맞고 싶어요. 그런데 제가 가지고 있는 많은 물건을 어떻게 해야 할지 모르겠어요.

누가 너에게 특별한 의미를 지닌 사람인지, 또 그들에게 네 소중한 물건들을 줄 수 있는지에 대해서 생각하는 것 같구나. 우리가 한번 그런 사람들의 목록과 네 물건을 누구에게 어떻게 줄지에 대한 계획을 세워 보면 어떨까? 그리고 나서 그 목록을 엄마와 아빠에게 드리면 좋을 것 같구나. 네가 마음의 준비가 되면 함께 목록을 만들어 보자.

Q 가장 친한 친구인 베스가 제 인형들을 가지면 좋겠고요. 동생 맥스가 아마 제 텔레비전을 좋아할 것 같아요. 여동생 에이미는 갖가지 동물 모양의 인형들을 가지면 좋겠어요. 호랑이 인형만 빼고요. 호랑이 인형은 제가 간직해도 될까요?

물론이지. 한번 네가 원하는 모든 것을 목록으로 만들어 보면 어떨까?

Q 이제야 기분이 좋아지네요. 죽음에 대해 이야기하고 몇 가지 계획을 세우는 일이 즐겁기만 해요. 이제야 제대로 살 수 있을 것 같고, 근심하던 마음도 많이 사라졌어요.

생각을 정리하며

심각한 병에 걸린 아이들과 이야기를 나누는 것은, 그들이 현재 겪고 있는 질병을 대처해 나갈 힘을 줄 뿐 아니라, 그들이 가지고 있는 죽음에 대한 궁금증을 스스럼없이 꺼낼 수 있는 안전한 공간을 마련해 준다. 대부분의 가족들은 죽어가는 아이들에게 죽음에 대한 이야기를 하는 것을 너무나도 고통스럽게 생각한다. 하지만 부모와 형제자매들 모두는 이러한 열린 대화가 자신들이 사랑하는 사람에게 큰 유익을 가져다주는 길임을 확신할 필요가 있다. 만약 부모가 사랑하는 자녀에게 죽음에 대한 이야기를 할 자신이 없다고 생각하면, 이러한 문제에 대해서 함께 이야기를 나눌 수 있는 전문가의 도움을 받는 것도 좋다.

Chapter 7

걱정이
많아요,
저도 죽게
되나요?

걱정이 많아요.
저도 죽게 되나요?
모든 사람이
죽는 것인가요?

아이들은 종종 충격적인 죽음(Traumatic Death) 앞에서 불안한 마음을 갖게 된다. 그들은 즉각적으로 자기 자신에게 이러한 질문을 하게 될지도 모른다. "어떻게 이런 일이 나에게 일어날 수 있는가?" 그들의 안전지대는 산산이 깨지고, 어른들이 자신을 계속 보호해 줄 수 있다고 생각했던 기대가 무너지게 된다. 어떤 아이들은 악몽에 시달리거나 잠을 이루지 못하고, 염려와 불안을 느끼기 시작한다. 왜 그러한 일을 겪는지 이유도 모른 채 말이다. 또 어떤 아이들은 엄마나 아빠가 시야에 보이지 않을 때 돌연한 공포에 시달리기도 한다. 그래서 종종 그들은 자기 자신의 건강이나 자신의 사랑하는 사람의 건강을 걱정하게 된다.

아이들에게 자기 자신의 건강을 확인하여 직시하도록 하는 것은 그들을 안심시키는 데에 도움이 되기도 한다. 소아과 의사나 학교

양호선생님은 그러한 아이들의 마음을 편안하게 해 줄 수 있는 좋은 협력자들이다. 의사는 아이들을 안정시키기 위하여 그들의 몸 상태를 진단해 줄 수 있고, 약을 주고, 의학적인 질문에 답을 해 줄 수 있을 것이다. 또한 선생님들은 아이들을 위한 다른 차원의 지원을 해 줄 수 있다. 집에 전화를 해 준다든가, 안전한 공간을 갖게 해 준다든가, 친구를 붙여 준다든가, 전문가를 소개하여 실제적인 계획을 세우도록 도울 수 있다.

누군가의 죽음을 경험한 아이들은 가족들 중에 다른 누군가도 죽지 않을까 하는 염려를 갖게 된다. 많은 남녀 어린이들은 겉으로 표현하든 안 하든 '만일 내 부모님이 돌아가시게 되면 어떤 일이 생기게 될까?' 하는 질문을 안게 된다. 만약 아이들이 이러한 질문을 겉으로 표현한다면, 부모는 자녀들에게 그들이 돌봄을 잘 받을 것이라고 안심시키는 기회가 될 것이다. 그리고 자녀들은 의사결정 과정의 한 일원으로서 참여할 수 있는 기회가 된다. 이러한 방법으로 그들은 충격적인 죽음 이후에 어느 정도 통제력을 회복했다고 느낄 수 있을 것이다.

사례
연구

✱ 피터(7세)

피터는 일곱 살이었다. 그는 학교 운동장에서 실신하고 난 뒤에 얼마 있지 않아서 뇌종양으로 세상을 떠났다. 처음에 피터는 선생님에게 머리가 몹시 아프다고 호소하였다. 그리고 나서는 그네를 타다가 떨어져 의식을 잃었다. 피터의 부모는 아이를 병원으로 데려갔고, 그곳에서 의사들은 뇌에 종양이 있는 것을 발견하였다.

즉시 응급수술을 받았지만 수술은 성공적이지 않았고, 피터는 죽었다. 피터의 학교 친구들과 형제들은 피터의 죽음에 대한 많은 질문을 갖게 되었다. 그들은 누군가 아프게 되면 어떻게 하나 하는 깊은 불안감에 사로잡혔고, 그들의 부모님도 죽을 수 있지 않을까 하는 염려와 그들 자신도 죽을 수 있다는 걱정을 하게 되었다.

✽ 스코티(7세, 피터의 친구)

Q 피터가 죽은 이후로 머리가 너무 아파요. 저도 죽게 되는 건가요?

스코티야, 너는 무척 건강해 보이는구나. 그 말은 네가 아주 오래 살 것 같아 보인다는 거야. 보통 우리가 아프게 될 때는 우리 몸이 스스로 어떤 작용을 하여 더 건강해지기도 하고, 약이나 의사 선생님들의 도움으로 건강을 회복하기도 한단다. 네가 머리가 아프다고 해서 뭔가 좋지 않은 일이 네게 일어나고 있는 것을 의미하는 것은 아니란다. 한번 너의 어머니에게 이 사실을 알리고 의사 선생님을 찾아가서 진단을 받아 보도록 해라. 존스 의사 선생님이 검사해 줄 수 있을 게다. 그리고 나면 네가 괜찮다고 안심할 수 있을 거야. 만일 네 건강이나 피터의 죽음에 대해 궁금한 것이 있다면, 그것을 잘 생각하고 있다가 의사 선생님에게 물어보도록 하자. 존스 선생님이 그러한 질문에 대해서 좋은 답변들을 해 줄 것이다.

Q 질문이 있어요. 저도 피터가 걸린 병에 걸릴 수 있는 건가요?

피터는 아주 희귀한 병에 걸렸던 거란다. 보통은 아이들이 잘 걸리지 않는 병이지. 그 병을 뇌종양이라고 하는데, 감기 걸리는 것처럼 그렇게 쉽게 걸리는 병은 아니란다. 네 부모님 눈이 파란색이거나 갈색이어서 네가 똑같은 색의 눈을 가진 것처럼 부모님에게서 유전이 되는 것도 아니란다. 또한 더군다나 그네를 타다가 떨어져서 생기는 것도 아니고 두통 때문에 그 병에 걸리는 것도 아니란다.

Q 가끔 학교에 있을 때 피터에 대해서 생각해 봐요. 그러면 입맛이 없어지거나 배가 아파요. 어떻게 해야 하지요?

스코티야, 다음에 배가 아프게 되면 꼭 양호 선생님을 찾아가 보도록 해라. 양호 선생님은 학교에서 너와 이야기 나누고 건강을 체크해 줄 수 있는 좋은 분이란다. 누군가의 죽음 이후에 아이들이 느끼는 복통에 대해서 선생님이 아주 잘 이해하고 있을 거라 믿는다. 때로는 아이들이 받는 마음의 상처나 염려들이 바로 배에 영향을 미치기도 한단다.

Q 제 염려가 바로 제 배로 간 거 같아요. 아프기도 하고요.

걱정거리들이 네 배나 또는 몸의 다른 기관에 영향을 미치는 것은 아주 자연스러운 일이란다. 배의 어느 부분에 네 염려가 쌓여 있는지 내게 보여 줄 수 있겠니? 어느 부분인지 한번 가리켜 볼래? 아주 크게 숨을 한 번 내쉬어 보거라. 그리고 나면 아픈 게 점점 사라지는 것을 느끼게 될 거야. 손을 그 부분에 얹고 부드럽게 문질러 보거라. 네 염려가 사라지는 데에 도움이 될 게다.

Q 학교에서 집중하기가 너무 힘들어요. 공상에 빠질 때가 많고 피터를 생각할 때면 금방이라도 울어 버릴 것 같아요. 그리고 나면 집에 가고 싶은 마음이 들어요. 어떻게 해야 되나요?

네가 학교에서 느끼는 수많은 감정을 나도 이해할 것 같다. 그리고 언제 그러한 슬픈 감정이나 염려들이 찾아오게 될지 너 또한 모를 게다. 그것이 너를 학교에서 집중할 수 없게 하는 거란다. 또 그럴 때면 집에 있는 엄마가 그리워지게 된단다.

내가 너의 엄마 아빠, 노박 선생님을 만나서 네가 학교에서 느끼는 여러 가지 감정들을 어떻게 해결할 수 있을지 이야기를 나누고 계획을 세웠단다. 여기 네가 할 수 있는 일이 있는데, 먼저 마음에 염려가 생기면 하루에 한 번 정도 전화해서 엄마와 이야기를 나누는 것이 좋겠다. 네가 원하는 시간을 정할 수도 있단다. 또한 수업 시간에 근심이 생기거나 마음이 동요가 될 때에는 네가 이야기하고 싶은 선생님을 만날 수도 있단다. 양호 선생님 같은 분이 좋은 상담을 해 줄 게다. 노박 선생님은 네가 수업 시간에 갑자기 슬픈 마음이 들어서 자리에서 일어나더라도 네가 어디로 가는지 아실 거야. 그리고 친구 중에 네 숙제를 도울 수 있는 친구를 한 명 정해서 그에게 요청을 해 두는 것도 좋을 것이다. 노박 선생님도 너를 위해 시간을 내서 숙제하는 것을 돕겠다고 하셨단다.

✳ 새라(11세, 피터의 누나)

Q 피터가 죽은 것처럼 엄마와 아빠도 죽을 수 있는 건가요? 그런 일이 생기면 저는 어떻게 하지요? 누가 저를 돌봐 주나요?

좋은 질문이구나. 내 생각에 너의 엄마 아빠는 오래 사실 것 같다. 하지만 그 누구도 언제 어디서 죽을지는 장담할 수 없는 거란다. 부모님께 건강검진을 받아 보시라고 하는 것은 어떻겠니? 그렇게 하면 부모님이 건강하시다는 것을 확인해 볼 수 있지 않겠니?

많은 아이들이 주변에 누군가 죽는 것을 보고 나면, 가족들의 건강을 걱정하고 부모님이 돌아가시면 어떻게 하나 하는 염려를 갖게 된단다. 네가 마음의 준비가 되면 그때 부모님께 여쭤 보거라. 내 생각에는 네 부모님이 누군가 너를 돌봐 줄 사람이 있다고 안심시켜 줄 것이다. 부모님이 자신들의 계획을 이야기해 줄 수도 있겠고, 아니면 부모님이 이 문제에 대해서 생각해 볼 수 있도록 네가 먼저 이야기를 꺼내 볼 수도 있을 것 같다. 누가 너와 함께 있으면 좋을지 아마 네가 더 잘 알 것 같은데, 부모님께 알려 주면 좋을 것 같다.

✳ 줄리(6세, 피터의 여동생)

Q 피터가 죽은 이후로 잠자리에 드는 것이 무서워요. 잠이 들면 무서운 꿈을 꾸게 돼요. 제가 잠이 들 때 죽을 수도 있는 건가요?

아니야. 잠과 죽음은 전혀 다른 것이란다.

Q 하지만 피터의 장례식에서 이모가 말해 주셨어요. 피터는 잠을 자는 거라고요. 그 말 때문에 낮잠을 잘 때에도 불안한 마음이 들어요.

낮잠을 자거나 밤에 잠자리를 청할 때에도 너는 안전하단다. 때로 사람들은 죽음을 표현할 때 "안식하고 있다"거나 "잠이 들었다"라고 말을 한단다. 하지만 이것은 죽음과 똑같은 말이 아니란다. 죽음은 몸의 기능이 완전히 멈추었다는 것을 말해. 네가 휴식을 취하거나 잠에 들 때에도 네 몸은 여전히 활동하고 있단다. 엄마가 네 방에 약한 조명을 켜 놓으시거나, 네가 단짝 친구인 테디베어와 함께 잠을 자는 것도 좋은 방법이라고 생각한다.

Q 하지만 저는 아직도 악몽을 꾸어요. 비명을 지르거나 울면서 깰 때가 많아요. 무엇을 해야 그러한 염려들이 사라지게 될까요?

그러한 염려를 사라지게 할 수 있는 몇 가지 방법이 있단다. 한번 너의 염려를 담는 상자를 하나 만들어 보면 어떻겠니? 사진이나 스티커, 그리고 너의 염려를 표현하는 말들로 상자의 겉을 장식해 보는 거야. 그리고 너의 근심, 걱정, 염려를 써서 상자에 넣는 거지. 네가 원한다면 그것들을 다른 사람에게 보여 주고 이야기를 나누어도 좋아. 물론 꼭 그렇게 하지 않아도 된단다. 또 한 가지 방법은, 네가 가장 염려하는 다섯 가지를 목록으로 작성해 보는 거야. 그리고 네가 원한다면 다른 사람들에게 이야기해 봐도 좋다. 또한 너의 염려에 대해서 편지를 써 보거나 그림으로 표현해 보는 것도 좋겠다. 너의 아빠나 엄마, 또는 네가 좋아하는 선생님에게 너의 염려에 대해서 말을 해 보는 것도 좋을 것 같구나. 부모님의 건강검진 이후에 의사 선생님이 써 주시는 기록을 받아 두는 것도 좋겠다. 일기를 써 보는 것은 어떻겠니? 자물쇠로 잠글 수 있는 비밀일기도 좋겠구나. 거기에 너의 감정이 어떤지 그림이나 글로 표현해 보는 거야. 너의 염려나 감정을 그렇게 보관해 두거나, 아니면 다른 사람들에게 그것들을 이야기 나누는 것, 두 가지 모두가 다 좋은 방법이라고 생각한다. 네가 골라 보렴.

생각을 정리하며

이 장에 나온 아이들은 모두 피터의 죽음에 강한 영향을 받았다. 그들의 나이에 관계없이, 이렇게 갑작스러운 충격적인 죽음 이후에 아이들이 갖게 되는 염려는 자연스러운 것이다. 이러한 아이들의 염려를 해방시켜 주기 위해 앞서 소개한 방법들은 그들의 염려를 자신의 바깥 세계로 표면화시키는 데에 아주 큰 도움이 된다. 아이들이 적극적으로 자신들의 생각이나 감정을 탐색하도록 집중시키는 것, 우울한 감정을 표현하게 하는 것, 질문을 하는 것, 그리고 현실을 직시하게 하는 것은 아이들의 염려를 안전하고 의미 있는 방법으로 사라지게 하는 데에 큰 도움이 될 수 있다.

Chapter 8

돌아가신
빠를
잊게 될까요?

돌아가신 아빠를
잊게 될까요?
그러면 어쩌지요?
어떻게 기억할 수
있을까요?

추억을 위한 활동은 사랑했던 사람과의 소중한 기억들을 회상할 수 있게 도와주는 슬픔치유의 한 방법이다. 종종 어른들이나 아이들 모두 그들의 사랑하는 사람을 잊게 되면 어떡하나 하는 염려를 갖게 된다. 엄마의 목소리나 아빠의 모습이 과거 속으로 희미해질 수 있다. 그래서 돌아가신 분에 대한 이야기를 나누는 것, 함께했던 특별한 장면을 회상해 보는 것, 의례를 만드는 것, 그리고 책이나 다른 방법으로 기억들을 간직하는 것 등은 마음속에 그 특별한 사람을 계속해서 살아 있도록 만들어 주는 유익하고도 확실한 방법이다.

❋ 말지(7세)

말지는 일곱 살이다. 이 아이의 아버지는 몇 달 전에 폐렴으로 돌아가셨다. 악몽에 사로잡혀 잠에서 깰 때면 말지는 엄마 방으로 달려가 엄마를 깨우고 흐느껴 운다. "엄마, 아빠를 더 이상 기억하지 못하게 될까 봐 두려워요. 더 이상 아빠의 목소리를 들을 수 없어서 너무 두려워요. 이런 식으로 아빠를 잊게 되는 건가요?" 말지는 눈물이 쏟아진다. 이것은 아이들이 느끼는 공통적인 두려움이다. 어떻게 그들의 질문에 대답을 해 줄 수 있을까?

Q 아빠를 잊게 될까 봐 두려워요. 아빠를 기억하기 위해서 무엇을 하면 좋을까요?

아빠가 어떻게 생겼는지, 목소리가 어떠했는지 혹은 아빠의 생각과 감정 등 네 아빠에 대한 추억을 잃어버리게 된다고 생각하면 참으로 끔찍한 일일 거야. 가끔은 어떤 특별한 계획을 세워서 돌아가신 분을 기억하는 것이 도움이 될 거야. 혹시 아빠와 같이 찍은 사진들 중에 좋아하는 사진이 있니?

Q 네. 아빠와 함께 눈사람을 만드는 사진을 좋아해요.

그거 참 좋은 사진 같구나. 우리 함께 사진을 넣을 액자를 만들어 보면 어떨까? 그리고 사진 속 그날 있었던 일을 내게 이야기해 주면 좋겠구나. 작은 나무 막대기와 풀, 조약돌 등을 이용해서 액자를 만

95

우리는 왜 죽어야 하나요?

들 수 있겠구나. 그러고 나서 그 사진액자를 아주 특별한 장소에 걸어 놓으면 아버지를 추억하는 데에 큰 도움이 될 것이라고 생각한다.

Q 때로는 아빠 목소리가 기억나지 않아요. 아빠의 모습조차도 말이에요. 그게 저를 몹시 화나게 해요. 정말 아빠를 잊게 되면 어떡하지요?

네 아빠는 언제나 네 마음속에 계실 것이다. 아이들은 종종 돌아가신 아빠나 엄마를 지속적으로 기억하지 못할 때, 내가 그분들을 영영 잊게 되거나 사랑하지 않는다고 생각한단다. 하지만 괜찮단다. 아빠를 사랑하고 기억한다는 것을 보여 주기 위해서 아빠에 대한 생각에 매달려 살지 않아도 괜찮단다.

아빠 친구들이나 가족들에게 아빠에 대한 이야기를 들려 달라고 한다거나 사진들을 달라고 이야기해 보는 것도 좋을 거야. 아빠에 대해서 들은 이야기들과 사진들을 너만의 특별한 '추억일지'(Memory Book)에 담아 보면 어떨까? 추억일지에 담긴 아빠에 대한 이야기를 읽고 사진들을 보게 되면 아빠를 기억하는 데에 도움이 될 거다.

또한 아빠 목소리가 담겨 있는 음성파일을 듣거나 가족들과 함께 찍은 비디오를 보는 것도 좋겠다. 가지고 있는 게 좀 있니?

Q 언니의 휴대폰에 아빠의 음성메일이 아직 저장되어 있어요. 엄마는 아빠와 제가 담겨 있는 비디오를 가지고 계세요. 선생님께 이걸 보여 드려도 될까요?

그거 좋은 생각이구나. 나도 네 아빠의 목소리와 아빠가 무슨 이야기를 하셨는지 한번 들어 보고 싶구나. 너와 아빠가 함께 있는 비디오를 보게 될 것을 생각하니 참 기쁘구나. 이것 또한 네가 아빠를 추억해 보는 또 다른 방법이 되겠구나. 나도 네 아빠를 알게 되는 기회가 되고 말이지. 언제라도 아빠가 보고 싶을 때 오디오 파일이나 비디오를 재생해 보면 아빠를 잊지 않고 추억하는 데에 도움이 되리라 생각한다.

✳ 에임버(12세, 말지의 언니)

Q 아빠가 무척 그리워요. 엄마는 화를 내시고, 말지는 슬퍼해요. 그래서 가끔 저는 아빠가 그립다고 말할 수조차도 없어요. 어떻게 하면 우리 가족 모두 함께 아빠를 추억할 수 있을까요?

가족들이 함께 아빠를 추억하는 것은 중요한 일이지. 가끔 가족들과 함께 계획을 세워서 서로의 슬픔을 나누고 아빠에 대한 좋은 추억을 나누는 것도 좋다. 슬픔치유를 위한 지지 모임(Grief support group)은 가족들이 함께할 수 있고, 슬픔을 가진 다른 가족들과 이야기를 나눌 수 있어서 큰 도움이 된다. 그것을 통해 다른 가족들도 너의 가족과 같은 슬픔의 과정을 겪고 있다는 것을 아는 계기가 될 수 있단다. 너희 가족 전체가 함께 한 가족으로서 다른 사람들과 경험을 나누는 거지.

Q 그런 모임에 한 번 가 본 적 있어요. 우리는 함께 아버지에 대한 배너를 만들어서 그것에 관해서 이야기를 나누었어요. 한번 보여 드려도 될까요?

너의 가족이 만든 배너가 아주 놀라운 이야기를 해 주고 있구나. 네 아빠가 보라색을 좋아하셨고, 피자를 즐겨 드셨고, 풋볼을 좋아하셨다는 것을 사람들에게 알게 해 주는구나. 너와 말지, 조나단과 엄마, 아빠가 풋볼 경기장에서 아주 즐거운 시간을 보내고 있는 것 같구나. 이것 참 좋은 추억이 되겠구나. 사실 이것이 더 없이 좋은 추억이라고 생각한다.

Q 사실 어젯밤에 그 모임에서 이 배너에 대해서 이야기했어요. 저는 아빠가 제일 좋아하는 보라색 모자를 썼고, 우리는 아빠를 추억하기 위해서 모든 사람들에게 피자를 제공했어요. 그런데 집에서는 우리 가족끼리 어떻게 아빠를 추억할 수 있을까요?

집에서 할 수 있는 한 가지 방법은 '추억탁자'(Memorial Table)를 하나 만드는 거야. 그리고 가족들이 그 탁자 위에 아빠를 기억나게 할만한 물건들을 각각 올려놓는 거지. 사진이 될 수도 있고, 특별한 책이나 반지 등도 좋을 것 같다. 그리고 왜 그 물건들을 올려놓았는지 서로 이야기 나눌 수도 있어. 그냥 다른 사람들이 볼 수 있도록 올려만 놔도 좋고.

Q 저는 아빠의 기타 연주 테이프와 군복을 입은 모습의 사진을 올려놓을 거예요. 아빠는 록밴드에 있었어요.

좋은 생각이구나! 그 테이블이 아빠를 위한 '추억탁자'라고 표시를 한다든가, 탁자를 놓을 특별한 장소를 찾아보는 것도 좋겠다. 가족들 모두 함께 참여할 수 있도록 이야기해 보면 어떻겠니?

Q 가족들이 함께 아빠를 추억할 수 있는 또 다른 방법은 없을까요?

몇 가지 방법이 있단다. 어떤 것이 좋을지 한번 생각해 보렴. 너의 집 뒷마당에 특별한 정원을 만들 수 있단다. 가족들이 아빠를 위해서 자기가 좋아하는 꽃들을 선택해서 정원에 심는 거야. 또한 매년 아빠 생신에 추모식을 갖는 것도 좋을 것 같다. 특별히 가족들과 함께 간단한 편지를 쓴 뒤 풍선에 묶어 날리며 아빠에게 보내는 것도 좋을 것 같다. 또한 가족들과 같이 아빠가 좋아하셨던 음식점에서 저녁식사를 하면서 아빠가 좋아하셨던 음식도 먹고, 아빠에 대한 추억을 함께 나누는 것도 좋겠다.

Q 아빠 없이 명절을 지낼 것을 생각하면 마음이 아프고 슬퍼요. 크리스마스에는 아빠를 추억하기 위해 무엇을 할 수 있을까요?

사랑하는 사람이 죽은 뒤에 명절을 보낸다는 것은 참으로 힘든 일이란다. 명절에는 모든 가족이 함께 지내는 날이고, 그런 날 아빠를 그리워하는 것은 자연스러운 일이라 생각한다. 하지만 이렇게 하면 도움이 될 것 같구나. 네가 크리스마스를 준비할 때, 아빠가 그곳에 영적인 존재로서 너와 함께하신다고 생각해 보렴. 여러 가지 할 수 있는 일이 많을 거야. 가령 아빠를 위해서 쿠키를 만들 수도 있고, 성탄트리 위에 아주 특별한 별을 달아서 아빠를 추억할 수도 있고, 아빠까지 포함해서 가족들 모두의 성탄절 양말을 걸어 놓을 수도 있단다. 또 한 가지는 매년 크리스마스 때마다 아빠를 위해 아름다운 초에 빛을 밝히는 거야. 이것을 하나의 의례로 정착시켜 볼 수도 있을 것 같다. 아빠를 기억하기 위해서 가족들과 함께 아빠에 대한 좋은 추억을 나누는 시간을 갖는 것도 좋겠다.

✱ 조나단(10세, 말지의 오빠)

Q 저는 그림 그리기와 글쓰기를 좋아해요. 외로울 때는 아빠가 더 많이 생각나요. 아빠에 대한 이러한 기억을 가지고 뭔가 만들 수 있는 게 있을까요?

아빠를 그토록 그리워하는 마음을 나도 잘 안단다. 네가 그림을 그리고 글 쓰는 것을 좋아하니까 아빠에 대한 추억일지(Memory Book)를 만들어 보는 것도 좋겠구나. 아빠 사진을 붙여 볼 수도 있고, 생일과 같은 중요한 날이나 아빠가 돌아가신 날도 추억일지에 포함할 수 있겠구나. 페이지마다 아빠에 대한 추억을 담을 수 있단다. 가령 한 페이지에는 아빠가 어떻게 돌아가시게 됐는지를 기록하고, 다른 페이지에는 아빠와 함께 했던 가장 재미있었던 추억을 넣을 수도 있단다. 또 다른 페이지에는 네가 잊을 수 없는 아빠에 대한 가장 좋은 기억을 담을 수도 있단다. 슬프거나 걱정되는 네 마음의 감정이나 아빠에게 쓰는 편지도 넣을 수 있단다. 아니면 아빠에게 작별인사를 하는 별도의 페이지를 꾸밀 수도 있단다. 때로는 뭔가 아빠에 대한 미안한 마음도 있을 수 있을 거야. 그것도 하나의 페이지로 추가할 수 있단다.

Q 저는 아빠 지갑을 가지고 있어요. 제게 큰 의미가 있는 이것을 보관할 특별한 장소를 하나 만들 수 있을까요?

물론이지. 아빠 물건들을 보관할 특별한 장소를 만들 수 있단다. 그것을 '추억상자'(Memory Box)라고 불러 보자. 그것이 아빠가 지니고 계셨던 소중한 물건들을 담을 수 있는 상자도 될 수 있단다. 그 상자의 겉에 아빠가 좋아하는 색이나 사진, 스티커, 그리고 아빠를 떠올릴 만한 글로 장식을 할 수도 있단다. 그러고 나서 아빠의 지갑을 그 안에다가 넣어 두면 되지.

Q 그 상자를 제 침대 옆에 두고 그 안에다 아빠의 풋볼 카드들도 넣을 거예요. 아빠가 좋아했던 것들을 제 옆에 두면 아빠와 더 가깝게 있다고 느끼게 될 것 같아요.

생각을 정리하며

아이들을 추억을 위한 활동에 참여하게 하는 것은 그들 마음속에 사랑하는 사람이 지속적으로 살아 있게 하는 데에 도움이 된다. 녹음된 사랑하는 사람의 목소리를 듣거나 사진, 비디오를 보는 것도 추억을 새롭게 하는 데에 도움이 된다. 이러한 활동들은 추억상자, 추억일지, 추억탁자, 추모의례, 또는 슬픔치유 모임들이 될 수 있다. 이러한 것들은 돌아가신 분을 추억하는 데에 의미를 부여하고 마음을 위로하는 효과적인 방법이 될 수 있다.

Chapter 9

저 때문에
엄마가
돌아가셨나요?

저 때문에 엄마가 돌아가셨나요? 엄마가 많이 아파하셨을까요?

　발달론에 비춰 볼 때에 어린아이들은 자신들에게 모든 일의 원인과 책임이 있다고 생각하는 자아중심적인 세계에서 살고 있다. 그들은 상당 부분 마술적인 사고(Magical Thinking)를 하고, 종종 어떤 죽음의 원인이 자기 자신에게 있다고 생각한다.

　자신들이 죽음을 일으키는 원인이라는 마술적인 사고가 오직 표현될 때에만 그들의 무거운 짐이 벗어지기 시작한다. 그래서 어떤 사람의 죽음에 대한 정확한 사실을 설명해 주는 것은 참 중요하다. 그것이 의학적인 이유든, 사고와 관련되었든, 또는 충격적인 사건 때문이든 말이다. 어른들은 아이들에게 그들이 무슨 이야기를 들었고, 그것에 대해 어떻게 생각하는지 물어봄으로써 아이들이 들은 이야기들을 제대로 이해하고 있는지 확인해 볼 수 있다. 때로는 아이들이 그 사실들을 잘못 해석할 수도 있기 때문이다.

모든 연령대의 어린이들과 어른들은 보통 그들이 사랑하는 사람이 왜 죽었는지에 대한 이유를 알고 있다. 하지만 그들은 '만일 그때 그렇게 되었더라면…' 또는 '만일 다른 상황이었다면…' 등 많은 생각을 갖게 된다. 때로는 자신들의 탓으로 돌리는 것이 그들로 하여금 그 상황을 다르게 변화시킬 수 있는 어떤 일들이 일어날 수도 있었을 것이라고 느끼게 해 준다. 나이가 좀 더 많은 아이들도 그러한 마술적인 사고를 한다.

✳ 제임스(12세)

제임스의 엄마가 자동차 사고로 돌아가신 것은 그가 열두 살 때다. 엄마는 제임스에게 자신이 가려고 하는 모임의 위치를 인터넷으로 찾아달라고 몇 번을 부탁했다. 하지만 제임스는 엄마를 위해서 인터넷을 찾아보지 않았다. 엄마는 실망감에 급히 집을 나서면서 말했다. "엄마가 가면서 위치를 찾아야 하기 때문에 늦게 도착하게 될 거야."

이것이 엄마가 제임스에게 한 마지막 말이 되었다. 그녀는 정지차선에 서 있는 차를 들이받고는 그 자리에서 목숨을 잃었다. 경찰은 엄마가 휴대폰으로 전화를 걸고 있었다고 했다. 제임스는 속으로 엄마가 길을 묻기 위해서 자신에게 전화를 하고 있었을 것이라고 생각했다.

그는 매일 자책하며 지냈다. 계속해서 자신을 저주하며 똑같은 질문을 던졌다. "도대체 엄마는 누구에게 전화를 하신 걸까?"

Q 엄마가 돌아가실 때 제게 전화를 하려고 하신 것일까요?

사고가 일어났을 때 엄마가 네게 전화를 하려고 하셨을 것이라는 생각에 근심하고 있다는 것을 나도 잘 알고 있다. 가능하다면 엄마가 누구에게 전화를 하려고 했는지 확인해 볼 수 있을 게다. 그러면 정확한 사실을 알 수 있을 거야. 혹시 네 아빠는 알고 계실지도 모르지.

Q 아빠는 엄마가 제가 아니라 아빠에게 전화를 하셨다고 말씀하시는데요. 제 마음은 아직도 엄마에게 길을 알려 드렸어야 했는데 하는 후회로 가득해요. 엄마가 돌아가신 게 제 잘못인 것 같아요.

아니란다. 그건 네 잘못이 아니야. 엄마가 가야 하는 모임의 위치를 파악하는 것은 엄마의 책임이지 네 책임은 아니란다. 그 끔찍한 사고가 일어난 것을 이해하기 위해 아마도 너는 자신을 비난하는 것으로 그 이유를 찾으려고 할지도 모르겠구나. 너는 아마도 그런 생각이 들 것이다. 네가 엄마에게 길을 알려 드렸다면 엄마는 전화를 하려고 하지도 않았고 사고도 나지 않았을 것이라고 말이다. 네가 마음속으로 그날 네가 했어야 했다고 생각하는 일을 자꾸 되새기게 되는 것은 너와 같은 경험을 한 많은 사람들이 흔히 생각하는 것이란다. 우리는 아무도 모른단다. 왜 네 엄마가 그때 전화를 하려고 했는지 말이다. 하지만 우리가 아는 것은 단지 엄마가 운전을 하면서 누군가에게 전화를 하려고 했다는 사실뿐이다. 그 행동은 참 위험한 일이고, 그것이 사고의 원인이 된 것이란다.

Q 한번은 엄마에게 화를 낸 적이 있어요. 엄마가 죽었으면 좋겠다는 말까지 했어요. 제 말 때문에 엄마가 사고가 난 걸까요?

생각이나 감정으로 사람을 죽게 할 수는 없단다. 그런 것을 우리는 흔히 마술적 사고라고 한단다. 아마도 너는 네가 한 말이 엄마를 돌아가시게 할 만큼 아주 강력한 것이라고 생각하게 될지도 모른다. 하지만 그렇지 않단다. 죽음은 마술과는 달라. 네 엄마가 넘어졌을 때 아주 치명적인 상처를 입었어. 엄마는 네 말 때문이 아니라, 그때 심장마비가 와서 돌아가신 것이란다.

Q 엄마는 돌아가시던 날 밤에 저를 높이 안아 올려 주셨어요. 그러고 나서 엄마에게 심장마비가 왔어요. 그것 때문에 엄마가 돌아가신 걸까요?

아니야. 네 엄마가 너를 높이 들어 안아 주신 것 때문에 돌아가신 것이 아니란다. 엄마는 평소 심장질환을 앓고 있어서 편찮으셨어. 의사 선생님들이 엄마에게 약을 주시기도 했지만, 엄마는 담배도 많이 피우셨고 체중도 많이 나갔기 때문에 심장병이 더욱 악화되었단다. 엄마가 돌아가신 것은 절대로 네 잘못이 아니야. 엄마가 쓰러졌을 때 심장이 더 이상 움직이지 않았던 것이란다.

※ **수지(7세, 테러리스트의 공격으로 아버지가 돌아가셨다.)**

Q 아빠는 테러리스트의 공격이 있던 그날 감기에 걸리셨어요. 제가 아빠를 집에서 쉬게 했다면 아빠의 생명을 구할 수도 있지 않았을까요? 왜 아빠에게 전화해서 테러리스트들이 오고 있다고 말해 주지 않았을까요?

아이들은 종종 자신들이 사랑하는 사람의 죽음을 막기 위해 뭔가 할 수 있지 않았겠나 하는 감정을 느낀다. 이것은 많은 아이들이 일반적으로 느끼는 감정이란다. 그 당시의 상황을 되돌아볼 때, 아마도 그러한 일이 일어나지 않도록 할 수 있는 여러 가지 방법들이 떠오를 것이다. 하지만 그 당시에는 그러한 일이 벌어지리라고는 생각도 못했을 것이다. 네 마음속에 '내가 만일' 또는 '이렇게 했었다면' 같은 생각이 떠오르는 게 있다면 어떤 것들이 있을까?

Q 만일 아빠를 집에 머무르게 했다면, 휴대폰으로 경고를 해 주었다면, 또는 아빠에게 큰 사다리를 드려서 빠져 나올 수 있게 했다면, 제가 아빠를 구할 수도 있었을 거예요. 아빠가 돌아가신 게 제 잘못인가요?

그것은 절대로 네 잘못도 네 책임도 아니란다. 네가 온갖 좋은 아이디어로 아빠를 도울 수 있었기를 소원한다는 것은 나도 잘 안다. 하지만 그것은 모두 불가능한 일이었을 거야. 무슨 일이 일어나려고 했는지 너도 몰랐기 때문이다. 어떤 나쁜 사람들이 아빠의 사무실에 있는 사람들에게 많은 사람이 다칠 수 있는 폭탄을 가지고 아주 나쁜 일을 저질렀단다.

✳ 마이클(10세, 전쟁 중에 아버지가 돌아가셨다.)

Q 아빠가 돌아가셨을 모습을 생각하면 너무 두려워요. 그 생각이 지워지지 않아요. 아빠는 고통당하셨을까요?

아빠의 죽음에 대해서 이야기할 때 네 목소리에서 네가 불안해하고 있다는 것이 내게도 느껴지는구나. 아빠에게 무슨 일이 일어났을지 계속 생각이 지워지지 않고 장면이 떠오르는 것은 참으로 힘든 일일 거야. 사랑하는 사람의 갑작스럽고도 충격적인 죽음 앞에서 드는 이러한 생각이나 감정은 아주 일반적인 것이란다. 아빠에게 무슨 일이 일어났을지 네 마음속에 떠오르는 그림을 한번 그려 보면 도움이 될 거야. 그리고 나서 내게 이야기해 주면 좋겠구나. 그렇게 하면 네 마음속에 자꾸만 떠오르는 생각을 지우는 데에 도움이 될 것이다.

Q 여기 제가 그린 그림이 있어요. 탱크가 폭발을 하고 아빠는 땅바닥에 있어요. 보세요. 아빠는 혼자 계세요. 아빠가 그 당시에 다른 사람의 도움을 받았을까요?

그림을 보니 너를 두렵게 하는 것이 무엇인지 이해하는 데에 도움이 되는구나. 아빠가 혼자 외롭게 죽어가셨을까 걱정을 하고 있구나. 아빠는 혼자가 아니었단다. 아빠는 다른 두 군인들과 함께 계셨어. 그분들은 네가 무슨 질문을 하든 기꺼이 대답해 주겠다고 하셨단다. 네가 원한다면 살아남은 두 군인들과 당시 위생병이었던 분과 만나서 이야기할 수 있는 시간을 마련해 보겠다. 아빠가 돌아가시던 때에 무슨 일이 일어났는지 더 많은 것을 알고 싶니?

Q 네, 더 많은 것을 알고 싶어요.

그래, 좋은 생각이다. 우리가 그분들을 만나기 전에 먼저 알고 싶은 것들을 목록으로 적어 보자. 내 생각에 네가 궁금한 것은 아빠가 돌아가셨을 때 혼자였는지, 아빠가 고통당하셨는지, 그리고 돌아가시기 전에 무슨 말씀을 하셨는지 등일 것이다. 시간을 좀 가지고 생각을 해 보렴. 그러고 나면 그분들과 만나기 위해 준비할 질문 목록을 만들 수 있단다.

Q 아빠가 혼자가 아니었고, 고통당하지도 않았다는 것을 알고 나니 참 기뻐요. 이제 아빠의 주변에 아빠를 돌봐 주셨던 사람들을 그릴 수 있어서 좋아요. 그것이 아빠를 아주 많이 걱정하지 않게 하는 데에 도움이 돼요.

그래, 이제 네가 안심해도 될 만한 새로운 그림을 갖게 되어서 다행이다. 아빠를 돌봐 주시는 사람들에게 둘러싸인 아빠의 모습과 아빠가 고통당하지 않았다는 것을 알게 된 것은 근심이 사라지게 하는 데에 도움이 되었을 거야. 이제 많은 사실을 알게 되었으니 아빠에게 무슨 일이 일어났는지에 대해서 네 마음대로 추측하지 않아도 된단다.

Q 군인 아저씨들과 만나고 난 이후에 저는 아빠에 대한 꿈을 꿔요. 멋진 군복을 입으신 아빠가 저를 안아 주시는 꿈이에요. 선생님, 그것은 아빠가 괜찮으시다는 의미일까요?

아마 아빠의 죽음에 대해 자세한 내용을 알게 된 것이 도움이 되었다는 생각이 드는구나. 내 생각에는 그 꿈에 대해 그렇게 생각하는 것이 네게 큰 위로가 되는 것 같다. 너를 안아 주시는 군복을 입은 멋진 아빠의 모습을 그리는 것은 아주 소중한 일이란다. 아이들은 돌아가신 아빠나 엄마가 자신들의 꿈에 나타나실 것이라고 생각하기도 하는데, 어떤 아이들은 그것을 그분들이 잘 계시다는 뜻으로 받아들이기도 하고, 또 다른 아이들은 그저 좋은 기분을 기억하는 것에 만족하기도 한다. 하지만 아빠의 죽음에 대해 자세한 것을 알게 된 것은 아빠에 대한 걱정에서 벗어나게 하고 좋은 꿈을 꾸게 하는 데에 도움이 되었을 것이라고 생각한다.

🔴생각을 정리하며

귀로 듣는 것뿐만 아니라 마음으로 아이들의 이야기를 들어 보라. 어린아이들에게 어떠한 해석이나 비판, 선입견 없이 자신들의 모든 이야기를 할 수 있는 기회를 주라. 그들의 질문이나 꿈, 마음속에 그리는 그림 등을 들으면서 아이들이 자책하거나 걱정하는 것이 무엇인지 알아내고자 노력하라. 정직하게 답해 주고, 정확한 사실과 자세한 사항을 말해 주는 것은 신뢰의 분위기를 만들어 아이들이 자신들의 죄책감, 두려움, 마술적인 사고를 표현하고 그것에서 벗어나게 돕는다.

Chapter 10

다른 아이들은
어떻게
슬퍼하나요?

다른 아이들은
어떻게 슬퍼하나요?
저는 가끔
외로움을 느껴요.

아이들은 어른들과는 다른 방법으로 슬퍼한다. 어떤 아이들은 슬퍼하고, 또 어떤 아이들은 화를 낼 수도 있다. 어떤 아이들은 좌절감을 느끼기도 하고, 어떤 아이들은 아무런 감정도 느끼지 않는 것처럼 보이기도 한다. 어른들은 종종 아이들의 격한 감정에 불편한 마음을 갖고 자신들도 모르게 아이들이 표현하는 감정을 억누르려고 한다. 하지만 어른들은 아이들의 생소한 생각, 감정, 행동을 받아들이기 위해서 슬픔을 당한 아이들에게 무엇이 정상적인 것인지를 알아야 한다. 아이들 또한 그들의 슬픔에 대한 반응이 일반적인 것이고 또 그런 반응을 보이는 것이 괜찮다는 것을 알아야 한다. 이것이 아이들이 느끼는 염려와 불안을 경감시키는 데에 도움이 된다.

어느 가족 중 한 사람이 슬픔을 당한 아이들과 상담하는 나의 일에 대해서 물어본 적이 있다. "아이들의 눈물을 그치게 하기 위해 어떻게 하시나요?" 나는 아이들의 눈물을 멈추기 위해서가 아니라, 그들의 모든 생각과 감정의 표현을 위한 안전한 공간을 만들어 주기 위해 일한다고 말했다.

종종 연극은 의사소통의 좋은 방법이 되기도 한다. 하찮아 보일 수 있는 연극 활동이 실은 아이들이 슬픔의 과정을 넘어서는 데에 아주 심오한 방법이 될 수 있다. 역할극, 인형극, 예술 활동, 찰흙놀이, 모래상자 활동 등은 상상과 가장을 통해 의미 있는 활동을 증진시킬 수 있는 많은 방법들 중의 몇 가지 예다. 이러한 방법은 아이들이 직접적으로 말할 필요 없이 행동으로 보여 주거나 그들의 슬픈 감정을 투영할 수 있는 자리를 마련해 준다.

✷ 케이트(6세)

Q 제 강아지 럭키가 죽었어요. 무척 슬퍼요. 차에 치여 죽었는데, 럭키와 이야기할 수 있을까요?

럭키가 그런 사고를 당했다니 정말 안됐구나. 네가 슬퍼하고 그리워하는 마음이 이해가 되는구나. 때로는 럭키와 이야기할 수 있다는 마음을 갖는 것도 도움이 된다. 여기 장난감 전화기가 있는데, 럭키에게 전화해서 이야기하는 것처럼 해 보면 어떨까? 집안의 편안한 자리에 앉아서 럭키의 사진을 들고서 이야기하는 것은 어떨까? 뭐라고 말하고 싶니?

Q 사랑한다고요. 그리고 무척 그리워한다고 말할 거예요. 하늘나라에서 즐거운 시간을 보내고, 매일 하나님과 함께 공놀이를 했으면 한다고 말할 거예요. 제가 지금도 럭키를 도와줄 수 있나요?

어떻게 럭키를 도와주고 싶은지 모래상자나 인형 집을 이용해서 인형이나 다른 장난감을 가지고 내게 한번 보여 주면 어떨까? 한번 상상해 보는 거야. 너와 럭키가 함께 있고, 럭키를 도와줄 수 있는 여러 가지 방법을 내게 보여 주는 거지. 모래상자 있는 데로 한번 가 볼까? 자, 여기 럭키와 같은 강아지가 있고 너와 같은 어린 여자아이가 있네. 저기 자동차도 있다. 럭키를 치었던 차처럼 말이야. 길도 만들어 보고, 무슨 일이 일어났는지 보여 줄 수 있겠니?

Q 이렇게 하는 것처럼, 제가 럭키를 길 밖으로 옮겨 주어야 했어요. 럭키에게 미안하다고 말할 수 있으면 좋겠어요. 럭키가 뭐라고 이야기 할지 궁금해요.

이 강아지 인형이 럭키라고 생각하고 너의 미안한 마음을 이야기 해 보면 어떨까? 그러고 나면 인형 럭키가 네게 대답할 수 있을 거야. 럭키가 무슨 말을 할지 한번 상상해 보렴. 그리고 강아지에게 말하는 거야. 네가 얼마나 럭키를 사랑하고 있는지 말이야. 럭키를 안아 줄 수도 있고, 뽀뽀도 해 주고, 담요도 덮어 줄 수도 있지.

Q 저는 럭키에게 사랑한다고 말할 거예요. 그러면 럭키는 제 뺨을 핥아 줄 거예요. 저는 모래상자와 인형들이 좋아요. 이것들이 제가 럭키에게 말할 수 있게 도와줘요.

Q 엄마가 저를 많이 걱정하세요. 그리고 제가 좀 다르게 행동한다고 하세요. 엄마는 제가 뭐가 잘못됐다고 생각하시는 것 같아요. 저는 금방 지치고, 낮잠을 잘 때면 럭키와 함께 자던 제 침대에 누워서 럭키의 인형들과 함께 자요. 제가 괜찮은 건가요?

물론이지. 그건 매우 정상적인 거란다. 네 나이 또래 아이들은 종종 특별한 옷이나 장난감 등 세상을 떠난 사람이나 애완견의 물건들을 갖는 것을 좋아한단다. 뿐만 아니라 럭키가 자던 침구로 네 베개를 만들 수도 있단다. 또한 특별한 상자에 럭키의 목걸이를 보관해 두는 것도 좋단다. 그렇게 하면 럭키와 좀 더 가까이 있다는 기분이 들 거야.

그리고 슬퍼한다는 것은 지치는 일이야. 우리는 가진 모든 에너지를 슬퍼하는 데에 쏟으면서도 정작 그것이 얼마나 우리를 지치게 하는지 깨닫지 못한단다. 내 생각에 너는 벌써 쉴 만한 공간을 찾은 것 같구나. 그곳은 쉴 뿐 아니라 럭키를 추억하는 좋은 장소가 되리라 생각한다.

Q 아빠는 제가 럭키가 죽기 전에 그랬던 것처럼 친구들과 놀아야 된다고 생각해요. 하지만 가끔 슬픈 마음이 들고 혼자 있고 싶어져요. 선생님은 제 마음 이해하시겠어요?

물론이지. 이해한다. 많은 아이들이 슬픔을 달래기 위한 시간과 장소가 필요하다고 느낀단다. 또한 럭키가 죽기 전에 친구들과 했던 일상적인 일을 똑같이 한다는 것은 힘든 일일 것이다. 때로는 네 마음이 슬플 때나 기분이 좋지 않을 때 친구들과 즐거운 시간을 보내는 것도 힘든 일이다. 아이들은 심지어 친구들과 즐거운 시간을 보낸다는 것 때문에 죄책감을 느끼기도 한단다. 하지만 명심하렴. 너는 여전히 즐거운 시간을 보낼 수 있고, 또한 럭키를 사랑할 수 있단다.

내가 네 부모님에게 전해 주기 위해 '아이들이 일반적으로 경험하는 슬픔의 방법'에 관한 목록을 작성했단다. 그렇게 하면, 부모님도 크게 걱정하지 않을 게다. 또 너에게도 그러한 방법들에 대해서 이야기해 주려고 한다. 그렇게 하면 그러한 슬픔을 겪는 방법들이 네가 생각하고 느꼈던 것들과 크게 다르지 않다는 것을 알게 될 것이다. 슬픔을 겪는 많은 아이들의 공통적인 모습은 바로 네가 나에게 이야기해 주었던 것들이란다. 혼자 있고 싶고, 피곤해지고, 또한 네 침대를 네가 럭키와 연관 지을 수 있는 장소를 발견했던 것 말이다. 또한 럭키의 장난감을 쥐고 잠자리에 들고 싶다고 했지? 그것이 네 기분을 더 편안하게 만들고, 럭키와 대화하는 흉내를 낸다든가, 럭키를 도와줄 수 있는 방법을 알고 싶어 하는 것 등 이 모든 것이 바로 슬픔을 겪는 하나의 과정이란다.

Q 가끔 럭키 생각에 학교 수업에 집중할 수 없어요. 그러면 선생님이 제게 화를 내고 엄마에게 전화를 하세요. 제가 뭐라고 선생님께 말씀드릴 수 있을까요?

네 선생님이 슬픔을 겪는 아이들의 일반적인 특징이 어떤 것인지를 알아야 할 것 같구나. 때로 슬픔을 겪은 아이들은 수업 시간에 집중하는 것뿐 아니라 의자에 앉아 있기도 힘들단다. 그들은 갑자기 엉뚱한 말을 한다든가, 전혀 말을 하지 않거나, 숙제하는 것도 잊게 된단다. 그것은 때로 슬픔이 너무나도 크기 때문이고, 아이들은 언제 그 큰 감정의 물결이 요동치게 될지 알지 못한다. 그것은 어쩌면 그들이 가장 기대하지 못하고 있는 상황이 될 수도 있고, 선생님이 강아지에 대한 책을 읽어 줄 때일 수도 있고, 갑작스럽게 네가 럭키를 떠올리게 될 때일 수도 있단다.

　네 부모님이 학교에 가서 선생님과 함께 이야기를 나누시는 것이 좋을 것 같구나. 나도 함께 갈 수 있단다. 학교에서 보이는 네 행동의 변화는 럭키의 죽음에 관한 모든 감정의 한 부분으로 이해할 만한 일이란다. 선생님은 이러한 변화에 대해 놀라시고, 그것이 네 슬픔과 관계가 있다고 이해하지 못하고 계신 것 같다.

　여기 네 선생님에게 슬픔을 겪고 있는 아이들에 관해 이야기할 것들이 있단다. 그래서 선생님이 너에게 화를 내시거나 놀라시지 않도록 말이다. 아이들은 때로는 숙제하는 것도 힘들고, 교실에 앉아 있는 것도 힘들단다. 집중하기도 힘들고, 말하는 것도 힘들 수 있단다. 슬픔을 겪는 아이들은 친구들과 멀어지려 하고, 심지어는 반에서 놀림을 당하거나 따돌림을 당할 수도 있단다. 너처럼 애완동물을 잃거나 사랑하는 사람을 잃은 아이들은 이처럼 공통으로 경험하는 많은 행동이 있단다. 부모님이나 선생님들이 이러한 것들을 이해한다면 참으로 좋을 것이다.

생각을 정리하며

아이들은 자신들의 독특한 방법으로 슬픔을 표현한다. 젊은 사람들과 부모님들, 그리고 교육가들은 슬픔을 겪는 아이들이 맞이하게 되는 새로운 감정이나 생각을 잘 다스리게 하기 위하여 그들이 경험하는 일반적인 특징이 무엇인지 의식하는 것이 필요하다. 가장하기(Pretending), 상상놀이(Play-Acting), 역할놀이(Role-Playing) 등은 슬픔을 표현하기 위한 창조적인 분출구들이다. 나이에 맞는 소품이나 장난감들, 그리고 그림 그리기나 글쓰기 등의 활동은 아이들의 슬픔을 충분히 표현하기 위한 매개가 된다. 아이들이 자신들의 눈물, 좌절, 침묵, 상상 등을 나눌 수 있는 안전한 환경을 만들어 주는 것은 슬픔의 과정을 건강하게 보내게 돕는다. 아이들이 눈물 흘리는 모습을 지켜보는 것이 조금 불편하기는 해도, 이것이 적절한 시간과 장소에서의 올바른 치유가 될 수 있다.

Chapter 11

너무
무서워요

너무 무서워요.
안정감을 찾기 위해서는
무엇을 해야 하나요?

2) 충격적인 슬픔(Traumatic Grief)이란 충격적인 죽음으로 인해 사랑하는 사람을 잃고 슬픔으로 고통당하는 것을 말한다. 이는 'Trauma'(지워지기 힘든 정신적인 충격)와 'Grief'(슬픔, 비탄)를 동시에 경험하는 것을 말한다.(역자 주)

충격적인 슬픔(Traumatic Grief)[2]을 안고 있는 아이들은 그들의 삶이 다시 일상의 삶으로 돌아올 것이라는 것을 알아야 한다. 이것에는 인내와 끈기가 필요하다. 때로 아이들은 사랑하는 사람의 갑작스럽고도 끔찍한 죽음에 엄청난 충격과 놀라움으로 할 말을 잃게 된다. 그들은 똑같은 일이 자신이나 사랑하는 주변 사람들에게 생기게 될까 봐 무서워한다. 공포감에 움츠러들게 되고 어떻게 슬픔을 표현하는지조차 모르게 된다.

남녀 아이들은 어느 정도 안정감을 갖기 시작할 때 비로소 비탄의 과정(Grief Process)이 시작될 수 있다. 그 힘든 사건이 과거의 일이었다는 사실을 인지하며 안도할 때, 그들은 현재의 상태로 돌아올 수 있고, 그들을 압도하는 생각이나 감정과 싸울 수 있는 능력을 갖게 된다. 아이들이 아주 힘든 상황을 잘 이겨냈다고 하는 격려는 자신들이 더 강해졌다는 느낌을 갖게 하고, 닥친 상황을 더 잘 극복할 수 있게 하는 데에 도움이 된다.

충격적인 슬픔을 안고 있는 아이들의 일반적인 특징을 이해하는 것은 매우 중요한 일이다.

- 불안감에 잠을 못 이루거나 밤을 지새운다.
- 악몽을 꾸거나 불면증에 시달린다.
- 복통이나 두통에 시달린다.
- 퇴보적인 행동(야뇨증, 들러붙기, 혼자 있는 것에 대한 두려움)을 한다.
- 계속 반복된 생각을 한다.
- 충격적인 사건을 떠올리고 마음속에 그린다.

❋ 조지(6세)

조지는 자신의 형 타이론의 죽음을 목격했다. 가족 모두 식당에서 식사를 하고 있었는데, 타이론의 학교 친구 중 한 명이 그에게 다가오며 이름을 불렀다. 그들이 서로 소리를 지르기 시작하자 식당 매니저가 그들을 밖으로 나가도록 했다.

엄마, 아빠, 조지는 창문 너머로 그들을 볼 수 있었다. 그들은 서로 밀치기 시작했고, 또 다른 한 명이 칼을 꺼내 들더니 타이론을 찔렀다. 어린 조지를 비롯한 가족 모두가 그 살인 사건을 목격하게 된 것이다.

이러한 갑작스럽고도 충격적인 죽음에 조지는 두려움에 휩싸이게 되었다. 그는 충격적인 슬픔의 특징을 보이기 시작했다. 조지는 두려움에 잠을 잘 수 없었다. 쉴 새 없이 창밖을 지켜보고 뭔가 나쁜 일이 일어날 것 같은 마음에 몸이 경직되었다. 잠자리에 드는 것도 힘들었고, 잠자리에 들더라도 종종 땀에 젖어 울며 일어나서 엄마를 찾기도 했다. 매번 그 식당 앞을 지나게 될 때마다 터져 나오는 눈물을 참을 수 없었다. "엄마, 엄마! 형처럼 누군가 여기서 죽을까 봐 너무 무서워요."

Q 왜 항상 두려운 마음이 생기나요?

너는 아주 무시무시한 사건을 목격했단다. 이것은 네 마음속에서 지우기 힘든 일이란다. 또한 그러한 사건을 자꾸 떠올리는 것은 아이들에게 공통적으로 일어나는 일이란다. 하지만 우리 함께 그러한 두려운 마음이 완화되도록 노력해 보자.

아주 나쁜 일을 경험하는 것은 참으로 고통스러운 일이란다. 너는 아마도 네 삶이 더 이상 이전과 같지 않다고 느끼게 될지도 모른다. 그리고 어떻게 이러한 슬픔과 좋지 않은 여러 가지 감정에서 벗어나야 할지 알지 못하게 된다.

하지만 이걸 기억하렴. 네 형에게 일어난 그 무시무시한 사건은 벌써 몇 주가 지난 과거의 일이란다. 그것은 지금 일어나고 있는 일이 아니란다. 타이론을 죽인 그 사람은 지금 감옥에 들어가 있고, 그는 지금 그 누구에게도 해를 입힐 수 없단다. 나는 네가 두려움을 느낄 때마다 현재 정말 어떤 일이 일어나고 있는지를 되새기도록 도와주려고 한다.

Q 엄마가 늦게 오실 때면, 혹시 엄마가 형이 죽음을 당했던 그 식당에 계시는 걸까요?

조지야, 나는 네가 엄마 아빠에 대해서 항상 걱정하고 있다는 것을 잘 안다. 엄마가 학교로 너를 데리러 오실 때 몇 분이라도 늦으면 네가 종종 울며 엄마를 부른다는 것을 안다. 네가 엄마를 찾기 위해서 학교 밖으로 뛰쳐나간다고 네 선생님이 그러시더구나. 이런 것을 "뭔가 나쁜 일이 생길 것 같은 돌연한 공포감(Panicked)을 갖는 것"이라고 부른단다. 하지만 그렇지 않단다. 너는 과거를 기억하고 그것이 지금 일어난다고 생각하지만, 그 나쁜 녀석은 지금 그 식당에 있지 않고, 네 엄마는 그저 교통이 혼잡해서 조금 늦으시는 것일 뿐이란다.

Q 하지만 그 나쁜 사람과 엄마가 그 식당에 있을 것만 같아요.

엄마 전화번호를 알려 달라고 해서 엄마가 늦을 때 전화를 해 보면 어떻겠니? 그러면 엄마가 바로 말씀해 주실 수 있을 것 같다. 엄마는 지금 안전하고 그 식당에 있지 않다고 말이야. 엄마도 네가 전화해서 안부를 물으면 엄마는 안전하게 있다고 확인시켜 주는 것을 좋아하실 거라 생각한다.

Q 엄마가 그 식당에 가 있지 않다는 것을 인식할 때마다 마음이 한결 더 편안해져요. 하지만 아직도 저는 밤에 잠을 이루지 못하고 좋지 않은 생각을 떨치기 힘들어요. 어떻게 이런 일이 제게 생긴 거지요? 어떻게 해야 하나요?

너와 네 가족들은 모두 충격에 휩싸여 있단다. 가족 모두가 그 사건을 목격했고, 잠을 이루기 힘들어한다는 것을 안다. 아무 일도 일어나지 않게 하기 위해 잠을 자지 않고 문 잠그는 것을 몇 번이고 확인하는 것은 아주 힘든 일을 경험하고 난 아이들에게 자주 일어나는 일이란다.

Q 이렇게 슬프고 나쁜 감정과 생각이 언젠가는 사라지게 될까요?

그렇단다. 너는 아주 힘든 일을 경험했고 그것을 극복하기 위해 최선의 노력을 다하고 있다. 너는 꼭 그것들을 다 이겨 낼 것이다. 네가 겪고 있는 충격적인 사건 이후의 특징은 모두가 다 공통적으로 겪는 것이라는 점을 안다면 너에게 좀 도움이 될 것이라고 생각한다. 잠을 이루지 못하는 것, 악몽을 꾸고, 복통이 생기고, 그 사건의 장면을 자꾸 생각하고 떠올리는 것, 밤에 오줌을 싸는 것 등은 너와 같은 일을 겪은 아이들에게 종종 일어나는 특징이란다.

Q 오늘 운동장에서 한 아이를 때렸어요. 왜냐하면 그 아이가 먼저 저를 때리려고 한다는 것을 알고 있었기 때문이에요. 그래서 그 아이가 먼저 때리기 전에 제가 먼저 때렸어요. 다른 아이들도 충격적인 사건을 경험하고 나면 저와 같은 마음이 드나요?

그렇단다. 그것도 역시 공통적인 것이란다. 네 마음이 참 힘들었으리라 생각한다. 왜냐하면 형의 죽음 이전에는 한 번도 누구를 때린 적이 없었으니까 말이다. 형이 당한 것처럼 누군가가 너와 네 가족을 다치게 할 수 있다는 생각과 두려움에 네 행동방식이 바뀌게 된 것이다. 하지만 명심해라. 네가 때린 그 아이는 나쁜 아이가 아니란다. 네가 생각하는 그 나쁜 일이 지금은 일어나고 있는 게 아니란다.

Q 저는 자주 화를 내요. 누군가를 때리고 싶은 마음이 생겨요.

너를 비난하지는 않겠다. 누군가 나의 사랑하는 사람을 죽인다면 내가 얼마나 미칠 듯한 마음이 들지 정말 상상하기조차도 힘들단다. 하지만 우리는 다른 사람을 다치게 해서는 안 된다. 너의 분노를 사그라지게 할 다른 안전한 방법이 있단다. 베개를 두들기는 것도 좋고, 샤워할 때 소리를 질러볼 수도 있고, 태권도를 배우거나 샌드백을 때릴 수도 있단다. 이런 것들이 너의 마음을 한결 편안하게 할지 모르겠구나.

가끔은 네 형에게 무슨 일이 일어났는지, 그리고 네가 본 것이 무엇인지를 재연해 보는 것도 도움이 된단다. 장난감이나 종이 인형들을 이용해서 무슨 일이 일어났는지를 내게 보여 주는 거지. 내가 한번 들어 봤으면 좋겠는걸. 종이에 그림으로 그려서 표현해 볼 수도 있단다.

Q 감사해요. 그러한 것들이 분노를 없애는 데에 큰 도움이 되었어요. 지금은 제가 더 강해진 것 같아요. 저는 단단한 근육이 있는 제 자신을 그려봐요. 그리고 제게 말해요. "이게 지금 내 모습이야. 나는 내가 생각하는 것보다 더 강해." 하고 말이에요.

잭의 엄마는 자동차 사고로 돌아가셨다. 과속운전을 하다가 버스와 정면충돌한 것이다. 잭을 학교에 데려다 주고 나서 다른 약속장소로 급히 가는 중이었다. 엄마는 버스가 오는 것을 미처 보지 못했다. 잭도 충격적인 슬픔에 사로잡혔던 다른 아이들처럼 그 사고를 마음속에 계속해서 그리는 것을 경험하였다. 또한 '왜 내가 그날 버스를 타고 등교하지 않았을까? 그럼 엄마가 살아 계셨을 텐데.'와 같은 반복적인 생각이 들었다.

시간이 조금 흐르고 난 뒤 아빠는 어떤 여성을 만나기 시작했다. 그 사람의 이름은 앤으로, 엄마 이름과 같았다. 아빠가 앤과 함께 지내는 것은 아이를 더욱 화가 나게 했다. 잭은 아빠를 그리워했고, 친구에게 이런 말을 했다. "나는 아빠도 잃게 될까 봐 두려워." 이러한 두려움은 아빠가 주말에 앤을 데리고 산으로 캠프를 간다는 말을 들었을 때 더욱 더 커지게 되었다. 잭은 문을 쾅 닫고 집 밖으로 뛰쳐나가며 소리쳤다. "나는 아빠를 가게 내버려 두지 않을 거예요!" 잭은 조금 안정을 찾은 뒤에 다시 집으로 돌아왔다. 아빠는 잭에게 왜 그렇게 화가 났는지 물어보았다. "엄마가 그랬던 것처럼, 아빠가 차에 있을 때 무슨 일이 생길까 봐 걱정이 돼요. 제발 가지 마세요." 그들은 어떻게 하면 잭이 아빠가 안전하다고 느낄 수 있을지에 대해 서로 의논하였다. 그리고 한 가지 계획을 세웠다.

Q 저는 아빠가 캠핑을 안 가셨으면 좋겠어요. 아빠도 사고가 날까 봐 겁이 나요. 어떻게 하면 아빠가 안전할 것이라는 마음이 들까요?

잭, 엄마의 죽음은 갑작스러운 거였어. 그래서 이 세상이 안전하다고 생각하는 것이 더욱 힘들 거야. 엄마가 차 사고로 돌아가셨기 때문에 네가 사랑하는 다른 사람도 똑같은 사고로 죽으면 어떻게 하나 하고 염려하게 되는 것이다. 너무나도 두려운 일이지.

그래, 좋은 질문을 했구나. 우리 함께 어떻게 하면 안전하다는 마음이 들지 한번 생각해 보자. 네가 차의 안전에 대해서 굉장히 신경을 쓰고 있으니, 아빠에게 이야기해서 브레이크는 제대로 잡히는지, 타이어는 어떤지 확인해 보고, 안전벨트를 꼭 착용하도록 아빠에게 약속을 받으면 어떨까? 이런 것들이 도움이 되겠니?

Q 좋은 생각이에요. 아빠가 가족용 승합차(Van)를 타고 갔으면 좋겠어요. 그게 제일 안전하잖아요. 하지만 그분들이 제게 전화를 하실까요?

아빠에게 말씀드려 보면 어떨까? 너와 아빠가 서로 전화하기 좋은 시간을 정하는 것도 좋겠구나. 응급사태를 대비하여 아빠의 휴대폰 번호를 제대로 알고 있는지 확인해 보고, 이모나 할머니의 전화번호도 알아두고 필요할 때 통화하면 좋겠구나. 아빠의 여행 일정을 확인해 보고 일정표를 만들어서 거기에다가 매일 표시를 해 보는 거야. 아빠 사진을 네 침대 옆에 두고 아빠는 무사하시다고 마음에 떠올리는 거야. 아빠가 동의한다면, 너와 아빠가 함께 종이에 사인을 하는 거야.

아빠와 잭의 목록

1. 아빠는 에어백이 있는 차를 운전한다.

2. 아빠와 앤은 안전벨트를 하기로 약속한다.

3. 아빠는 매일 저녁 7시에 전화를 한다.

4. 잭은 아빠와 꼭 필요한 전화 통화를 하기 위해서 아빠 전화번호를 알아둔다.

5. 아빠는 할머니와 이모의 전화번호를 잭에게 알려 준다.

6. 아빠는 여행 일정을 잭에게 건네준다.

7. 아빠는 잭에게 깜짝 선물을 가져다준다.

Q 아빠는 목록에 있는 내용이 다 좋고, 그러한 일을 하게 돼서 기쁘다고 하셨어요. 우리는 심지어 아빠가 제게 깜짝 선물을 가져다주시는 것까지도 목록에 추가했어요. 이제 기분이 좀 나아진 것 같아요. 하지만 여전히 나쁜 일이 생길까 봐 두렵기는 해요.

잭, 네 엄마가 차 사고로 갑작스럽게 돌아가셨을 때 너는 마음속에 큰 충격(Trauma)을 경험했단다. 마음속 큰 충격은 갑작스럽고도 다루기 힘든, 소름끼치도록 무서운 것이란다. 이러한 충격을 경험하는 다른 아이들처럼, 너 또한 나쁜 일이 결코 멈추지 않을 것이라는 감정이 들고, 삶이 결코 이전과 같지 않다고 느끼는 거란다. 하지만 시간이 지나면서 조금씩 나아질 것이다.

나는 네 마음이 안전하고 편안할 수 있게 내가 할 수 있는 한 돕고 싶단다. 나는 아직 네 삶에 여러 가지 선택이 있다는 것을 느끼게 해주고 싶어. 그리고 네 자신이 더 강해지고 덜 무서움을 느끼도록 할 수 있는 일들을 하도록 돕고 싶다. 한번 해 보면 어떻겠니? 마음속으로 그림을 그려 보는 것(Visualization)도 좋겠구나. 한번 너에게 가장 행복한 장소를 머릿속에 그려 보렴. 너의 모든 감각들, 시각, 청각, 촉각, 미각, 후각을 이용해 보는 거야. 눈을 감을지 안 감을지는 네가 결정할 수 있다. 마음속으로 해변을 그려 볼 수도 있지. 네 발이 모래에 닿는 것을 느껴 보고, 따뜻한 햇살을 느껴 보는 거야. 아니면 평화로운 숲속에서 새들이 노래하는 장면과 무지개 찬란한 길을 엄마와 함께 걷는 모습을 그려 보는 거야.

아니면 아주 평화로운 그림을 그려 보는 것도 좋을 것 같구나. 네 마음을 평안하게 해 줄 어떤 그림이라도 그려 보거라. 푸른 하늘과 새들 또는 푸른 물결의 호수 같은 것들 말이야. 그리고 나서 그 그림들을 네 방에 걸어 두고 마음에 두려움이 싹틀 때 그 그림들을 보는 거야.

Q 저는 푸른 나무들과 함께 형형색색의 아름다운 새들이 산들바람 안으로 날아가거나 나뭇가지에 앉아 있는 그림을 그릴 거예요. 그러한 그림들을 보면 제 마음이 한결 평안해질 것 같아요. 그 밖에 제가 할 수 있는 것은 없을까요?

한 가지 더 네 마음을 평안하게 해 줄 것이 있는데, 바로 응급상황을 위한 계획을 세우는 것이지. 어떤 충격적인 일들이 발생했을 때를 대비해서 모든 가족이 어디에서 만날지 미리 정해 놓고, 중요한 사람들의 전화번호 목록을 만들어 놓는 거야. 더 나아가 집에 응급상자를 마련해 둘 수도 있고, 그 안에 무엇을 넣어두면 좋을지 생각해 보는 것도 좋겠다.

비밀상자를 하나 만들어 볼 수도 있겠다. 네가 좋아하는 색으로 상자를 덮고, 스티커나 좋아하는 단어 또는 사진으로 장식을 하는 거야. 그리고 그 안에 네가 좋아하는 엄마의 사진들, 좋아하는 장난감, 엄마에게 받은 특별한 카드, 또는 엄마를 생각하면서 네가 가장 사랑했던 것들 중 다섯 가지 목록을 써서 넣어두는 거야. 뿐만 아니라 네가 생각하기에 의미 있는 것들도 안에 넣을 수 있지. 그것은 너와 엄마가 함께 잠자리에 들기 전에 드렸던 기도문이나 아니면 행운의 동전 같은 것도 될 수 있단다. 그 비밀상자는 너의 가방 안에 들어갈 수 있는 크기면 될 것 같고, 아니면 너의 침대 밑에 둘 수 있을 정도면 괜찮을 것 같구나.

너를 편안하게 해 줄 음식들도 좋겠구나. 때로는 과자나 좋은 음식이 너의 마음을 포근하게 해 줄 수도 있단다. 나는 이것을 편안한 음식이라고 부른단다. 편안한 음식은 야채스프도 될 수 있어. 찐 감자나 부드러운 고기도 좋고, 디저트로는 사과파이도 좋겠구나. 이러한 편안한 음식으로 저녁 식단을 짜고 이모에게 음식을 해 줄 수 있을지 한번 물어보면 좋겠구나.

Q 저는 구운 고기, 잘 익힌 감자, 그리고 체리파이를 좋아해요. 이것들은 모든 일이 다시 일상으로 돌아가 가족 모두와 함께 저녁식사를 하는 것 같은 기분이 들게 해요. 엄마는 가족들을 위해서 그런 음식을 잘 만들어 주셨는데 정말 맛있었어요!

생각을 정리하며

충격적인 슬픔을 경험하는 아이들은 종종 두려운 감정을 갖게 된다. 이러한 두려움은 슬픔과 겹쳐져서 그들이 겪어 나가야 할 슬픔의 과정을 멈추게 한다. 아이들에게 안전을 보장해 주는 것이 무엇보다도 중요하다. 이것은 시간이 좀 걸리는 과정이다. 우리는 아이들이 보호받고 있다는 느낌이 들 환경을 조성해 주기 위한 여러 가지 활동을 제공해 줄 수도 있다. 비밀상자나 응급계획, 평화로운 그림, 마음속으로 그려 보기, 또는 편안한 음식 등이 그것이다. 그들은 자신들을 압도하는 생각이나 두려움이 더 이상 지속되지 않는다는 것을 느낄 때, 비로소 다시금 슬픔의 과정 안으로 들어올 수 있게 된다. 이러한 과정은 예측하기 힘들고 때로는 복잡하기도 하다. 왜냐하면 어디에도 아이들의 슬픔을 위한 적절한 타이밍이나 바른 순서는 없기 때문이다.

Chapter 12

친구들,
가족들과 함께
추모할 수 있는
방법이
있을까요?
:

친구들, 가족들과 함께 추모할 수 있는 방법이 있을까요? 제가 장례식에 참여해도 되나요?

많은 어른들은 죽음과 관련된 주제와 활동에 아이들을 참여하게 하는 것을 매우 불편해한다. 그래서 아이들을 고려하지 않는다. 어떤 어른들은 장례식이나 추모식에 대해서 설명할 완벽한 방법은 없다고 생각할지도 모른다. 또 어떤 이들은 아이들이 울거나 슬퍼할 때 어찌할 바를 모른다. 때로 어른들은 아이들이 울지 못하도록 하거나 슬픔의 과정을 멈추게 하려고 노력한다. 대개 어른들은 아이들에게 무슨 일을 저지르고 있는지도 모른 채 말이다.

어른들이 아이들에게 돌아가신 분에 대한 그들의 감정이나 생각을 말할 수 있는 환경을 조성해 줄 때 비로소 아이들도 조문객으로 인정받을 수 있다. 강제적이지 않게 아이들이 장례식과 추모식(Memorial Service)에 참여할 수 있도록 준비시키고 초대하는 것은 아이들을 자연스럽게 포함시킬 수 있는 환경(Inclusive Environment)을 마련해 준다. 이러한 의례의 참여는 아이들의 정서적이고 영적인 성장을 촉진시키는 데에 큰 도움이 된다.

✳ 제이슨(6세)

제이슨이 여섯 살일 때 그의 가장 친한 친구 와트가 아주 희귀한 암으로 죽었다. 매일 밤 제이슨은 엄마에게 똑같은 질문을 했다. "천국에서 와트는 무엇을 하고 있을까요?" 엄마는 다양한 방법으로 그에게 대답해 주었다. "아마 와트는 하나님과 함께 있을 거야. 천국에서 재밌게 지내고 있을 거야. 나도 정확하게 모르겠어." '와트가 천국에서 정말 잘 지내고 있는 것일까' 하는 의심이 드는 제이슨에게 이것은 위안을 주는 하나의 잠자리 의식이 되었다.

어느 날 아침 제이슨이 들뜬 상태로 엄마의 침대로 달려 들어와서 큰 소리로 말했다. "와트가 무엇을 하고 있는지 알았어요. 와트는 낚시하는 것을 아주 좋아했어요. 제 생각에 그는 가장 큰 물고기를 잡고 있어요."

제이슨과 그의 반 친구들을 비롯한 학교 전체가 깊은 슬픔에 빠졌다. 존스 담임선생님과 아놀드 교장선생님은 아이들이 와트의 추모식(Memorial Service)의 일원이 될 필요가 있다고 깨달았다. 선생님들은 제이슨과 모든 학생들에게 와트의 죽음에 관한 질문을 할 수 있게 허락하고, 여러 가지 활동에 참여하고, 생각과 감정을 서로 나누며, 와트의 추모식에 초대되어 준비할 수 있게 함으로써 그들을 조문객으로서 인정받을 수 있게 하였다.

Q 와트의 책상을 어떻게 해야 할지 모르겠어요.

너와 네 친구들이 와트의 책상과 그 안에 있는 물건들을 어떻게 처리할지 결정할 수 있단다. 이렇게 해 볼 수도 있을 것 같구나. 교실에 와트의 책상을 그대로 두고, 아이들이 찾아가 와트와 함께 있을 수 있는 장소로 만들 수도 있다. 그곳에 친구들이 특별한 글을 써서 올려놓는다든가, 그림을 그려서 놓을 수도 있고, 사진들을 올려놓고 와트를 기억할 수 있으면 좋겠구나. 아니면 그 책상을 밖으로 치워도 괜찮단다.

Q 책상에 있는 물건들은 어떻게 하지요?

와트 책상 안에 있는 물건들을 어떻게 할지 여러 가지 선택을 할 수 있을 것 같구나. 먼저 그냥 그 자리에 있던 대로 놔둘 수도 있고, 아니면 와트 부모님들을 초청해서 물건들을 가져가시게 할 수도 있겠다. 또한 반 친구들이 원하는 물건들을 각자 가져간다면 그것이 와트의 일부분이라는 느낌을 갖게 할 것 같구나.

Q 학교에 있을 때면 와트가 많이 보고 싶어요. 다른 친구들도 그렇고요.
학교에서 우리가 와트를 기억하기 위해서 무엇을 할 수 있을까요?

친구가 그립다니 무척이나 힘들겠구나. 와트를 기억하기 위하여 친구들과 함께 무언가 할 수 있다면 네 마음이 한결 더 편안해지겠구나. 반 아이들과 함께 좋은 의견을 내기 위한 학급회의를 열어서 학교에서 어떻게 와트를 추억할지 계획을 세워 볼 수도 있단다. 내가 몇 가지를 제안하마. 꽃을 심거나 비눗방울을 불 수도 있고, 케이크를 만들어서 와트의 가족들에게 보내 줄 수도 있어. 벽화를 그려 볼 수도 있고, 퀼트를 만들어 가족들에게 선물할 수도 있단다.

Q 학급회의를 했어요. 그리고 와트가 좋아하는 땅콩 버터쿠키를 만들기로 결정했어요. 교실 벽면을 장식할 큰 그림도 그리고, 퀼트도 만들기로 했어요. 선생님이 좀 도움을 주실 수 있나요?

쿠키를 만들기로 했다니 참 좋은 시간이 되겠구나. 조금은 학교에서 먹어도 되고, 집에 가지고 가서 가족들과 나누어도 좋고, 정성스럽게 담아서 와트의 가족들에게 드려도 좋겠구나. 벽에 걸 큰 그림을 그리는 것은 아주 좋은 단체 프로젝트라고 생각한다. 모두가 그림이나 글로 와트를 추억하는 메시지를 전할 수 있겠구나. 한 해 동안 교실에 그대로 놔두어도 좋고, 언제라도 뭔가 더 추가하고 싶은 말이 있으면 짧은 글을 써 넣어도 되겠다. 그리고 한 해가 지날 무렵에 와트의 부모님에게 아주 특별한 선물로 전해 줄 수도 있겠구나. 사각형 조각마다 모든 학급 아이들의 손자국을 넣어 퀼트를 만들 수 있겠구나. 이것을 다가올 추모식에 와트의 부모님께 전해 드릴 수도 있단다.

Q 추모식(Memorial Service[3])이 뭐지요? 제가 참석해도 되나요?

추모식은 가족과 친구들이 함께 모여서 돌아가신 분을 추억하는 시간을 말한다. 교회나 회당, 혹은 집에서 할 수 있고, 학교에서도 가능하단다. 와트의 추모식은 학교 조금 아래

[3] 미국의 장례의식은 우리나라와 조금 다르다. 보통 미국의 장례식은 'Funeral Service'(장례식), 'Burial Service'(하관식), 'Memorial Service'로 구성된다. 'Memorial Service'는 우리나라에는 없는 의례이기 때문에 마땅히 번역할 단어가 없어서 그와 비슷한 '추모식'으로 번역하였다. 하지만 추모식은 제사를 대신해서 기독교에서 매년 정기적으로 드리는 의례를 떠올리기에 적당한 표현은 아니다. 미국에서는 'Memorial Service'를 장례식이 끝난 후 보통 1주 후 혹은 길게는 한 달 안에 행한다. 장례식보다는 덜 격식을 차리는 게 일반적이다.(역자 주)

쪽에 있는 지역자치 센터 건물에서 열리게 될 것이다. 와트의 가족들은 몇 주 후에 추모식을 하려고 한단다. 와트를 사랑했던 모든 사람들이 그를 추억하기 위해서 참여할 수 있단다. 너와 너의 반 친구들 모두가 초대되었단다.

네가 준비할 수 있도록 대략 어떻게 진행이 되는지 알려 주어야 될 것 같다. 부모님, 아이들, 친구들, 친지들, 선생님들이 참석할 수 있다. 사진들과 와트를 추억할 물건들이 방 주변에 있을 것이다. 아이들이 비눗방울을 불어 그를 추모하도록 준비하고, 글을 쓰거나 그림을 그릴 수 있는 탁자도 마련해 둘 것이다. 몇몇은 슬퍼하거나 울 수도 있고, 다른 이들은 아무것도 안 할지도 모른다. 그것도 괜찮단다. 존스 선생님은 와트가 좋아하는 노래, "당신이 행복하고 그것을 안다면"(If you are happy, and you know it)을 아이들과 함께 부르려고 한단다. 와트의 엄마와 아빠는 참석한 모든 아이들에게 와트가 자기 친구들에게 주었으면 좋겠다고 생각할 만한 것들을 담은 기념품을 주려고 한단다. 너의 반 친구들은 와트의 부모님에게 너희가 만든 아름다운 퀼트를 선물로 주면 좋겠구나. 어때? 참석해도 좋을 것 같니?

Q 와트와 함께한 좋은 추억들을 나누어도 되나요?

물론이지. 원한다면 아이들과 어른들 모두 추억을 나눌 수 있단다. 소중한 기억을 이야기해도 좋고, 가장 좋아하는 사진을 보여 주어도 좋단다. 하지만 꼭 해야만 하는 것은 아니다.

Q 저는 와트와 유년 축구팀에 있을 때 함께 찍은 사진을 나누고 싶어요. 그래도 될까요?

물론이고말고! 축구팀 사진을 나누는 것은 아주 좋은 생각인 것 같다. 네가 지난번에 내게 이야기했던 와트가 골을 넣어 우승했던 그 경기에 대해서 사람들에게 말하는 것도 좋을 것 같구나. 사진을 여러 장 인화해서 모든 사람들이 그 사진을 가질 수 있게 해도 좋을 것 같구나.

✳ 제레미 (9세)

Q 할아버지가 돌아가셨어요. 할아버지의 시신은 어디에다 두나요?

할아버지의 시신은 장례식 때 볼 수 있는데, 관 속에 혹은 특별한 상자에 모셔 두었단다. 어떤 관은 나무로 만들어졌고, 또 어떤 관은 금속으로 만들어지기도 한단다. 거기에는 손잡이가 있어서 운반하기 편리하게 되어 있단다. 어떤 장례식에서는 관을 열어 놓아서 돌아가신 분을 볼 수 있게 하기도 한단다. 또 다른 장례식에서는 가족들의 결정에 따라서 관을 닫아 두기도 한단다.

죽은 사람의 몸을 보는 것을 두려워할 필요는 없단다. 만일 두려운 마음이 든다면 굳이 보지 않아도 된단다. 죽은 사람은 너를 보거나 네가 하는 말을 들을 수도 없단다. 꼭 그럴 필요는 없지만, 만일 네가 원한다면 몸을 만져도 괜찮단다. 만져 본다면 아마 아주 차가운 느낌이 들 것이다. 네가 원한다면 관 속에 특별한 사진이나 장난감 또는 다른 소중한 물건들을 넣을 수도 있단다. 그렇게 하면 마음이 한결 편안해질 수도 있단다.

Q 장례식이 뭐지요? 제가 가도 되는 건가요?

장례식이란 너의 할아버지에게 작별인사를 할 수 있는 아주 특별한 시간이란다. 가족과 친구들이 함께 모여서 할아버지의 삶을 기리는 시간이란다. 할아버지의 관은 장례식장의 앞쪽에 있을 거란다. 장례식장에는 화초나 꽃들 그리고 음악을 준비할 수 있단다.

보통은 목사님이나 신부님, 혹은 랍비가 장례식을 인도하는데, 할아버지의 친구들과 말리 신부님이 장례식을 진행할 예정이다. 다른 사람들은 할아버지와 함께했던 추억들을 나눌 수도 있단다. 또 다른 사람들은 그냥 조용히 자리에 앉아 있거나, 소리 내어 울 수도 있단다. 네가 느끼는 어떠한 것도 다 괜찮단다. 너의 엄마와 아빠가 너도 장례식에 참여해도 좋다고 말씀해 주셨단다. 이에 관해서 질문이 있으면 어떤 것이라도 물어보아도 괜찮단다.

Q 전에 할머니가 할아버지는 공동묘지에 묻히실 거라고 하셨어요. 공동묘지가 어떤 곳인가요? 아이들이 가도 되는 곳인가요?

그럼, 아이들도 공동묘지에 가도 괜찮단다. 그곳이 바로 할아버지가 땅 속에 묻힐 장소란다. 할아버지의 관은 장례식 이후에 영구차로 옮겨지게 된단다. 친지들이나 가까운 친구들이 리무진이라는 큰 차를 운전하고, 나머지 사람들은 자기 차를 타고 장례행렬이라고 부르는 긴 줄을 따라 간단다.

공동묘지는 나무들과 식물들로 덮인 아름다운 공간이란다. 많은 사람들의 몸이 그곳에 묻혀 있단다. 할아버지도 그곳에 묻히게 될 것이다. 시신이 묻히게 될 때 사람들이 함께 모여서 기도문을 낭송한다든가 마지막 인사를 나누기도 한단다.

너의 엄마와 아빠는 네가 묘지에 가는 것에 대해서 좋게 생각하고 있단다. 한번 생각해 보겠니? 묘지는 할아버지의 생신이나 명절에 함께 방문할 수 있는 좋은 공간이란다.

Q 친구 릭은 그의 할아버지가 땅에 묻히는 것 대신에 화장을 원하셨다고 했어요. 화장이란 무엇이지요?

화장이란 화장터에 특별하게 장치된 기계에 돌아가신 분을 옮기는 것이다. 그 기계는 아주 뜨거운 열을 가하여서 죽은 사람의 몸이 재가 되도록 하는 장치이다. 그러고 나면 그 재를 유골단지라고 부르는 작은 용기 안에 넣게 된단다. 때로는 어떤 가족들은 단지 안에 재를 계속 보관해 두고 싶어 하고, 어떤 가족들은 그 재를 바다나 숲 속에 흩뿌리기도 하고 정원에 묻어 두기도 한단다.

Q 몸에는 무슨 일이 일어나지요?

릭의 할아버지가 돌아가셨을 때 할아버지 몸은 완전히 그 기능을 멈추었다는 것을 기억해 보자. 그는 아무것도 먹을 수도, 볼 수도, 느낄 수도 없단다. 그 어떤 것도 그를 상하게 할 것이 없단다. 이제 그의 몸은 마치 사람이 들어가 있지 않은 옷과도 같은 거란다. 그 옷은 아무것도 경험할 수 없고, 생명의 기운도 없고, 생각과 감정도 없단다. 어떤 사람들은 생명의 기운 혹은 영은 하나님께로 혹은 천국으로 간다고 하고, 우리가 느끼는 바람 가운데 거한다고 말하기도 한다. 또 다른 사람들은 우리는 아무것도 알 수 없다고 말하기도 한단다.

Q 땅에 묻히는 게 좋나요? 화장하는 게 좋나요?

두 가지 모두 사람들이 죽기 전에 자신이 결정할 수 있단다. 어느 것이 좋고 어느 것이 나쁘다고 말할 수 없단다. 어떤 사람이 땅에 묻히건 화장되건, 너는 그들을 위해서 너의 가족과 친구들과 함께 기도할 수 있고, 그들을 위해서 좋은 추억을 나눌 수 있고, 그들을 기리기 위해서 특별한 나무를 심을 수도 있단다.

네가 장례식과 관련된 의례에 대해서 질문하니 참 기쁘구나. 그러한 의례에 참여하는 것을 허락받고 준비하는 것을 통해서 너도 이제 점점 더 슬픔을 나누는 공동체의 중요한 일원이 되어 가는 것이란다. 모두 함께 모여 너의 할아버지의 삶을 기리는 것을 통해서 네 자신이 함께 참여한 네 친구들과 친지들 가운데 속해 있다는 것을 느낄 수 있을 것이다.

생각을 정리하며

어린아이들도 그들의 슬픔 과정 중에서 장례식을 준비하고, 초청받고, 참여할지에 대한 결정권이 부여되는 것들을 통해서 적극적으로 추모할 수 있는 시간을 가질 수 있다. 아이들은 가족들과 함께 자리에 앉는 것을 통해서, 비눗방울을 부는 것으로써, 이야기를 나누고, 경청하고, 사랑하는 사람을 위해 그림을 그리는 것 등을 통해서 의례의 중요한 일원이 될 수 있다. 아이들이 공동체의 다른 사람들과 함께 사랑하던 사람에게 작별인사를 하는 것처럼, 나이에 맞는 적절한 방법으로 의례에 참여하는 것은 아이들의 슬픔의 과정에 큰 의미를 부여해 줄 수 있다. 사랑했던 사람에게 작별인사를 하는 것은 죽은 이에게 존엄과 존경심을 전달하는 것이다. 또한 아이들을 의례의 과정에 참여시키는 것은 아이들에게 존중과 존경의 마음을 전달할 기회를 주는 것이고, 이는 모든 생명의 가치에 대해 배우고 느낄 수 있는 좋은 기회가 된다.

우리는 아이들이
죽음에 대해
질문할 수 있도록
격려해야 한다

우리는 인생의 비극적인 일에서
아이들을 보호할 수는 없다.
하지만 그들의 질문에
마음을 열고 대답해 줌으로써
아이들이 겪는 과정을
편안하게 해 줄 수 있다.

아이들이 죽음에 대해서 질문할 수 있도록 격려하는 것은 그들이 슬픔을 겪는 과정을 이해하는 데에 필수적이다. 종종 아이들은 자신의 사랑하는 사람의 죽음을 언급하는 것, 감정을 표현하는 것, 그리고 죽음에 대해 질문하는 것을 금지당해 왔다. 때로 어른들은 자신들이 배운 관습대로 빠른 처방과 치유책을 강구한다. 많은 남녀 아이들은 강하고 담대하라는 이야기나 남자다워야 된다, 혹은 여자다워야 된다는 집안의 이야기를 들어왔다. 그들은 또한 남자는 울면 안된다는 이야기를 들어왔고, 아이들은 아직 너무 어려서 이해하기 힘들다는 이야기를 들어왔다.

하지만 이 새로운 시대에 죽음에 대한 주제에서 제외될 아이들은 없다. 부모님의 죽음에서부터 애완동물의 죽음은 아이들의 감성과 신체적인 안정을 파괴하거나 혼란스럽게 할 수 있다. 많은 아이들은 죽음에 대한 경험 이후에 두려움이나 외로움 혹은 고독감을 경험한다. 그들이 경험하는 이 새로운 세계는 미래도 없어 보이고, 보호받는다는 느낌도 없고, 본보기가 될 만한 것도 없다.

일반적으로 남녀 아이들은 자연스럽게 어른들의 세계가 그들을 잘 돌보아 주고, 후원해 주고, 양육해 줄 것이라고 믿는다. 하지만 할머니가 갑작스런 심장마비를 일으킬 때, 엄마가 자동차 사고로 돌아가실 때, 아빠가 자살로 목숨을 끊을 때, 언니가 약물복용을 하고, 형이 군대에서 치명적인 상처를 입을 때, 아이들의 세계는 산산이 부서지고 만다. 그러고 나서 그들이 갖는 한 가지 질문은 "어떻게 이런 일이 나에게 일어날 수 있을까?" 이다.

부모님, 선생님, 그리고 다른 어른들은 아이들의 질문에 대답할 준비가 되어 있어야 한다. 오늘날 슬픔을 당한 아이들은 점점 더 늘어나고, 젊은 세대들의 죽음에 대한 이슈들은 점차 더 어린 나이에 일어나고 있다. 과거 부모님들은 추모하는 것에서 아이들을 배제시키도록 배웠고, 죽음이나 돌아가신 분에 대해서 말하는 것을 금하도록 배웠다.

오늘날 이 세계에서는 아이들을 포함시키는 것이 중요할 뿐 아니라 그렇게 해야만 한다. 죽음과 관련된 힘든 감정의 억제는 낮은 자존감 형성과 우울증, 투사된 분노감과 파괴적인 행동을 야기한다. 우리는 이러한 죽음이라는 아주 민감한 주제에 대한 대화를 통해 우리의 아이들을 도와야 한다. 아이들과의 열려 있고 편안한 대화는 그들에게 슬픔 과정의 자연스러운 흐름을 표현하도록 허락하고 존중과 정직을 담보하는 안전한 안식처를 보장한다.

아이들을 위한 점검표

- 사랑하는 사람의 죽음에 대한 사실을 알라.
- 중요한 질문은 목록으로 만들라.
- 장례식을 위해 준비하라. 장례식에 참여할지를 결정하라.
- 장례식 조사에 참여하라.
- 생각이나 감정을 이야기할 수 있을 만한 세 명의 사람을 찾으라.
- 추억일지(Memory Book)를 만들어 보라. 돌아가신 분의 사진들과 중요한 추억거리들을 거기에 담아라.
- 추억상자(Memory Box)를 만들어 보라. 사진들과 사랑하는 사람에 관해 말해 줄 말들로 장식하라. 그들의 특별한 물건들을 안에 넣으라.
- 추억을 위한 계획을 고안해 보라. 아빠의 옷가지들로 베개를 만들고, 시나 노래를 만들어 볼 수 있다.
- 돌아가신 분의 추억을 위한 벽화나 비디오를 만들어 보라.
- 질문을 하라.
- 네 마음을 편안하게 해 줄 사진이나 장난감들을 담을 상자를 방에 두라.
- 추억탁자를 만들라. 이 탁자는 모든 사람이 서로 공유하기 위해서 돌아가신 분을 기억할 특별한 물건을 올려놓을 수 있는 곳이다.
- 돌아가신 분과 찍은 사진을 보관하거나, 가장 좋아하는 추억을 그림으로 그려 보라.
- 너의 감정과 생각을 안전하게 저장할 비밀일기장을 만들라.
- 매일 떠오르는 생각을 일지에 기록해 두어라.

- 네가 가장 염려되는 다섯 가지를 적어 보라. 그리고 믿을 만한 사람에게 그것들에 대해서 이야기해 보라.
- 슬픔을 겪는 아이들의 보편적인 생각이나 행동이 무엇인지 알아 두라.
- 슬픔치유에 도움이 될 책들을 읽어 보라.
- 의례를 행해 보아라. 촛불을 밝히는 것, 꽃을 심는 것, 비눗방울을 불어 보는 것, 풍선을 날려 보내는 것, 기도문을 읽는 것 등의 의례를 행할 수 있다.
- 선생님에게 네가 슬픔을 겪고 있다고 말하라. 네가 겪는 슬픔의 과정을 도울 만한 친구를 찾아라.
- 네가 원한다면 죽음을 당한 너의 사랑하는 사람에 대해서 이야기해 보라. 그렇게 해도 괜찮다.
- 돌아가신 분과 함께할 수 있다는 느낌이 드는 장소를 찾아가 보라.
- 좋은 친구들과 함께하라. 그들과 계속해서 즐거운 시간을 가지라.
- 죽음이라는 것은 인생에서 하나의 자연스러운 과정임을 명심하라. 죽음에 대해서 이야기하는 것도 괜찮고, 그것이 네 감정을 더 편안하게 하는 데에 도움이 될 수 있다.

어른들을 위하여

　우리는 오늘날 슬픔을 당한 어린아이들의 요구에 대처해야 한다. 지속적인 대중매체들의 즉각적인 소식 전달로 인해 이제 더 이상 비밀이라는 것은 없다. 오늘날 아이들은 죽음에 대한 주제에 대해서 사리분별을 할 줄 알고, 그들의 질문 또한 단순하지 않다. 그들은 자신들의 요구에 대해서 정직하고도 정중한 답변을 들을 가치가 있다. 우리의 목적은 그들의 질문을 존중하고, 일반적으로 나타나는 특징들이 무엇인지 이해하며, 그들과의 대화를 위한 답변들을 제공해 줌으로써 아이들을 위한 열린 환경을 준비하고 만드는 것이다.

슬픔을 겪는 아이들의 일반적인 특징

- 반에서 놀림을 당하거나 왕따가 될 수 있다.
- 활동에 참여하지 않으려고 하고 사회성이 떨어질 수 있다.
- 잠자리에서 오줌을 싸거나 악몽에 시달릴 수 있다.
- 집중력이 저하될 수 있다.
- 충동적으로 행동할 수 있다.
- 학교 활동을 온전히 할 수 없다.
- 집중해서 듣는 데에 어려움을 겪을 수 있다.
- 지나치게 말이 많아지거나, 질서 있게 행동하지 못하거나, 지침에 따라 행동하기 힘들 수 있다.
- 무분별하게 감정을 드러내거나 의사를 표현할 수 있다.
- 외부의 자극에 대해서 적게 반응할 수 있다.
- 죽은 사람과 지금 같이 있는 것처럼 대화할지도 모른다.

- 죽은 사람의 몸짓이나 표정을 흉내 낼지도 모른다.
- 죽은 사람을 우상화할지도 모른다.
- 그들의 독특한 영적인 신념을 만들지도 모른다.
- 지나치게 그들 자신과 다른 사람들의 건강을 염려할지도 모른다.
- 죽음에 대해 염려할지도 모른다.
- 퇴화하는 행동을 보일지도 모른다.(부모에게서 떨어지지 않거나 아기처럼 행동하는 것 등)

우리는 무엇을 할 수 있을까?

솔직해지자. 아이들은 의식적 혹은 무의식적으로 그들에게 진실을 말해 주지 않을 것이라고 알고 있다. 그렇다면 그들은 또 다른 상실감을 겪게 된다. 바로 그들 주변의 어른들에 대한 신뢰감의 상실이다.

간단하게 설명하라. 많다고 항상 더 좋은 것은 아니다. 아이들은 종종 더 많은 의문이 들면 그때 가서 다시 질문하면 된다고 생각하기 때문에, 아주 간단한 답변에도 만족한다.

진실을 나누어라. 간단하면서도 정확한 말로 그들의 사랑하는 사람에게 무슨 일이 있었는지 아이들의 눈높이에 맞게 진실을 나누어라.

아이들의 잘못이 아님을 상기시켜 주라. 아이들은 마술적인 사고에 너무 자주 사로잡히고, 자신들이 사랑하는 사람의 죽음을 일으켰다고 생각하면서 죽음의 이유를 너무나도 쉽게 찾으려 한다.

죽음을 정의해 주라. 죽음은 몸의 기능이 멈추는 것이다. 보통 사람들은 아주 나이가 많이 들거나, 아주 많이 아프거나, 혹은 몸에 큰 상처를 입었는데 의사와 간호사도 회복시켜 주지 못할 때 죽는다.

아이들을 조문객으로 인정해 주라. 아이들도 슬픔의 과정을 겪는 한 가족의 일원이 되도록 준비시키고 참여시키라. 그들도 장례식에서 시를 읽을 수 있고, 할아버지의 관에 사진을 넣을 수 있고, 그들의 애완동물을 위해 꽃을 심을 수 있다.

아이들은 다른 방식으로 슬퍼한다는 것을 기억하라. 남녀 아이들은 어른들과는 다르게 슬픔을 표현한다. 하찮아 보일 수 있는 그들의 활동이 사실은 어린아이들이 슬픔을 겪는 하나의 아주 심오한 방법일 수 있다. 슬픔치유를 받으러 찾아온 메리는 엄마를 무척이나 그리워한다고 말했다. 아이는 장난감 전화기를 가지고 엄마에게 전화하는 흉내를 내었다. "안녕! 엄마! 잘 지내시지요? 좀 괜찮으세요? 엄마 보고 싶어요. 오늘 무슨 일이 있었는지 들어보실래요?"

아이들 각각의 슬픔을 특별히 다루어라. 아이들은 각기 다른 방식으로 슬픔을 표현한다. 메리는 울면서 자신의 감정을 표현할 지도 모른다. 라이오넬은 악몽을 꾸고, 알렉스는 일지를 쓴다. 모든 사람들이 각각 다르다. 표현이 다르다고 해서 나쁠 것은 없다.

가족 중에 아픈 사람이 있다는 것을 아이들도 알게 하라. 가족 중에 말기 환자가 있다는 것은 모든 가족들에게 힘든 일이다. 집안에 일어나는 일에 아이들을 포함시키는 것은 아이들로 하여금 무슨 일이 일어나고 있는지 알게 하고, 도움을 주는 일에 참여하게 하고, 앞으로 어떤 일이 일어나게 될지에 대해서 준비하도록 돕는다.

아이들의 신념체계를 존중하라. 아이들은 어린 나이에 그들만의 영적인 신념체계를 구축하기 시작한다. 아이들의 사랑하는 사람이 그들과 혹은 하나님과 함께 있다는 느낌은 치유과정에서 매우 중요할 수 있다. 그들이 겪는 생각이나 경험을 존중하는 것은 꼭 필요한 일이다.

장례식과 추모식을 위해 아이들을 준비시키라. 이러한 행사에 아이들도 준비하고 초대받아야 한다. 하지만 결코 강요해서는 안 된다. 그들이 장례식이나 추모식에 대해서 질문을 할 수 있게 권해야 한다. 그리고 가족 공동체가 함께 모여 돌아가신 분의 삶을 어떻게 기리고 작별인사를 하는지 보게 해야 한다.

유용한 웹 사이트와 자료

| 웹 사이트 |

국제기관

www.adec.org

'ADEC'(Association for Death Education and Counseling)은 죽음교육과 상담을 위한 전문적인 국제단체다. 이 단체는 죽음교육을 실행하는 많은 분야의 전문가들과 교류하고, 그들의 연구를 촉진하고, 죽음학 발전에 힘쓰고 있다. 또한 호스피스와 슬픔치유상담 등에 관한 심도 있는 연구를 통해, 세계 각지 다른 문화권의 회원들에게까지도 유용한 정보를 제공한다.

미국

www.childrensgrief.net

린다 골드만이 운영하는 사이트로, 슬픔을 당하고 충격에 빠진 아이들을 돕기 위한 정보와 자료들, 그리고 이와 관련된 글을 제공한다.

www.griefnet.org

'그리프넷'(Griefnet)은 죽음과 슬픔을 겪은 가족들을 위한 온라인 커뮤니티다. 어른들과 아이들을 위한 정보와 자료를 제공할 뿐 아니라, 온라인상에 지지그룹(Support Group)을 연결하여 준다.

www.barrharris.org

'바르-해리스 어린이 슬픔 센터'(Barr-Harris Children's Grief Center)는 부모나 다른 가족들의 죽음을 경험한 아이들을 돕기 위한 유용한 정보와 책들을 제공하는 단체다. 아이들을 위한 자료뿐 아니라 특별히 학교와 전문가들을 위한 자료를 제공한다.

www.speakforthem.org

'스피크'(SPEAK; Suicide Prevention Education Awareness for Kids)는 젊은이들의 자살을 막기 위한 응급전화 상담, 자살방지를 위한 강연, 자살로 인해 죽음을 겪은 가족들을 상담하는 단체다.

영국

www.winstonswish.org.uk

'윈스턴스 위시'(Winston's Wish)는 부모나 다른 가족을 잃어 슬픔을 당하는 아이들을 돕기 위한 단체로, 부모들이나 전문가들에게 필요한 실제적인 자료를 제공한다.

www.jeremiahsjourney.org.uk

'예레미야의 여행'(Jeremiah's Journey)은 영국에 기반을 둔 단체다. 슬픔을 당한 아이들에게 치유상담을 제공하며, 어른들이 아이들의 슬픔을 이해하고 도울 수 있도록 자료와 정보를 제공한다.

'아이들의 슬픔을 위한 단체'(Child Bereavement Charity)는 슬픔을 당한 어린아이들에게 여러 가지 편의를 제공할 뿐 아니라, 자녀를 잃은 부모들을 위한 상담, 지원 프로그램 및 유익한 정보를 제공하는 단체다.

'크루즈 슬픔 돌봄 센터'(Cruse Bereavement Care)는 슬픔을 당한 모든 이들의 삶의 질 향상을 위한 여러 가지 도움을 제공한다.

캐나다

'패치'(PATCH; Parents And Their Children Healing)는 부모들과 그 자녀들의 치유를 위한 단체다. 온타리오 주 런던에 위치한 이 단체는 아이들을 위해 이미 사랑하는 사람을 잃은 경험을 가진 다른 어른들과의 만남을 통해 슬픔치유를 하는 상호교류적인 프로그램을 제공한다.

호주

www.anglicare-sa.org.au

'앵글리케어'(Anglicare)는 호주 남부에 위치한 앵글리칸 교단의 위임단체로, 슬픔을 당한 5~16세 아이들에게 여러 가지 편의를 제공한다.

www.mcsp.org.au/arbor

'아르보르'(ARBOR; Active Response Bereavement Outreach)는 자살로 사랑하는 사람을 떠나보낸 남은 가족들의 고통과 아픔을 치유하기 위해서 적극적인 도움을 펼치는 호주 서부에 위치한 단체다.

www.earlychildhoodaustralia.org.au

'Early Childhood Australia'는 출생부터 8세에 이르는 아이들의 교육과 돌봄에 관련해서 어떤 문제들이 생겼을 때, 아이들을 보호하고 옹호하는 단체다. 특별히 슬픔을 당한 아이들의 돌봄과 치유를 위한 정보와 관련 자료를 제공한다.

www.nalag.org.au

'날락'(NALAG; National Association for Loss and Grief)은 사별에 관련한 여러 가지 문제들에 대한 공동체의 인식을 넓히고, 그러한 문제에 바르게 응답할 수 있도록 도움을 주는 것을 목적으로 하는 단체다.

'National Centre for Childhood Grief'는 슬픔을 당한 아이들을 위해 여러 가지 편의를 제공한다.

| 아이들을 위한 자료 |

Bart Speaks Out (바르트의 거리낌 없는 이야기)
자살에 대한 침묵 깨기

린다 골드만의 1996년 저서로, 캘리포니아 WPS 출판사에서 펴냈다. 이 책은 어린아이들에게 유용한 대화 형식의 이야기책으로서, 그들에게 민감한 주제인 자살을 토론하기 위한 논점들을 제공해 준다. (5~10세)

Children Also Grieve (아이들도 슬퍼한다)
아이들에게 죽음과 치유에 대해 이야기하기

린다 골드만의 2005년 저서로, 제시카 킹슬리 출판사에서 펴냈다. 이 책은 아름다운 삽화들이 수록되어 있으며, 사랑하는 가족의 죽음을 경험한 아이들을 위한 대화 형식의 이야기책이자 회상록이다. (5~11세)

Grandad's Ashes (할아버지의 유해)

월터 스미스(Walter Smith)의 2007년 저서로, 제시카 킹슬리 출판
사에서 펴냈다. 아름다운 삽화를 곁들인 대화 형식의 이야기책이다.
부모들과 상담가들이 어린아이들과 함께 읽기에 매우 이상적인 책
으로서 상실, 죽음, 슬픔에 관계된 논점들을 이끌어 내는 방식을 취
하였다.(4~8세)